HINTER DEM HORIZONT

Ein Buch der Partner GEO und FREDERKING & THALER

DANK
Der Verlag dankt für die freundliche Genehmigung des Zsolnay Verlages, den Haupttitel für diesen Bildband verwenden zu dürfen.

Die Deutsche Bibliothek – CIP-Einheitsaufnahme
Hinter dem Horizont : von der Erkundung Afrikas bis zur Eroberung des Mount Everest: die fotografischen Schätze der Royal Geographical Society / [Übers.: Manfred Allié und Gabriele Kempf-Allié]. - 3. Aufl. -
München: Frederking und Thaler, 1998 (GEO)
Einheitssacht.: Royal Geographical Society illustrated ‹dt.›
ISBN 3-89405-376-3

Englischer Originaltitel: «Royal Geographical Society Illustrated»

3. Auflage 1998

Vorwort der deutschen Ausgabe: Peter-Matthias Gaede,
Verlag Gruner + Jahr, Redaktion GEO, Hamburg
Übersetzung: Manfred Allié und Gabriele Kempf-Allié
Lektorat: Dirk Lehmann, Michael Schaper
Herstellung: Caroline Sieveking, München
Satz: Greiner und Reichel
Umschlaggestaltung: Monika Neuser, 2005 München
Druck und Bindung: DeAgostini, Officine Grafiche, Novara

Printed in Italy

ISBN 3-89405-376-3

Schutzumschlag (vorn):
Foto: J. P. Thomson. Dieses Foto wurde in Cannings Down bei Warwick, Queensland in den 1890er Jahren aufgenommen. S. 233
Schutzumschlag (hinten):
Oben: Foto: W. S. Barclay. Diese Aufnahme entstand während einer Reise im Sumpfland des Paraná in Argentinien im Jahre 1908. S. 289
Mitte: Foto: Unbekannt. Eine Gruppe europäischer Touristen mit einheimischen Führern besichtigt den Sphinx von Gizeh, Ägypten, um 1867. S. 104-105
Unten: Foto: Frank Hurley. Diese Aufnahme entstand während Shackletons Antarktis-Expedition von 1914 bis 1916. S. 170

HINTER DEM HORIZONT

GEO
FREDERKING & THALER

Inhalt

Foto von H. N. Sweet: Der Archäologe Sir Alfred Percival Maudslay (*gegenüber*), der in mehreren Expeditionen die alten Kulturen Zentralamerikas erforschte, bei der Arbeit in den Maya-Ruinen auf der Halbinsel Yucatán, Mexiko, um 1889.

Vorwort

Peter-Matthias Gaede

ES WAR EIN TAG IM MAI DES JAHRES 1830, als sich einige englische Weltenbummler wieder einmal in einer Villa des Londoner Stadtteils Kensington zusammensetzten, um sich auftischen zu lassen, was sie von ihren Reisen mitgebracht hatten: Reh aus Spitzbergen, Beeren aus Lappland, Brandy aus Schweden. Die Idee machte die Runde, den Ertrag privater Fernerkundungen, abseits des Kulinarischen, künftig haltbarer zu machen. Die Idee, das sich mehrende Wissen von der Welt in einer Organisation von pädagogischem Rang zu bündeln und zu fördern: der Geographical Society of London.

So wurde geboren, was sich – von Viktorias Gnaden - seit 1859 die Royal Geographical Society nennen darf und im Laufe von bald 168 Jahren zur weltgrößten Schatzkammer geographischen Wissens über die alte Erde gewachsen ist. Einige hunderttausend historische Karten und Bücher hat die »RGS« gesammelt, 4000 Atlanten allein – und rund eine halbe Million Fotografien. Die meisten bislang unveröffentlicht; wie jene Auswahl, die nun »Hinter dem Horizont« endlich auftauchen kann.

1830 und die folgenden Jahre – das war eine gute Zeit für Liebhaber des Aufbruchs ins Unbekannte. Denn noch hatte kein Europäer je seinen Fuß ins Innere Afrikas gesetzt, war Australien größtenteils Terra Incognita. Noch war die Nordwestpassage nicht gefunden und nicht die Antwort darauf, ob Grönland Festland war oder Insel. Noch waren die Pole nicht erreicht, nicht die Quellen des Nils, war der höchste Punkt der Erde nicht verortet. 1830 ff – verheißungsvoll war die Ära für Entdeckernaturen, und am meisten für jene, die mit der damals größten Kriegs- und Handelsflotte im Rücken aufbrechen konnten und für das größte Imperium in der Menschheitsgeschichte: the British Empire.

Dieses Buch kann – und soll – deshalb nicht verhehlen, daß es in den Kapiteln früher Fotografie auch Dokument britisch-kolonialer Weltanschauung ist. Dokument einer Epoche, der die klassischen Attitüden und Projektionen der weißen Eroberer anzusehen sind; die Träume vom »edlen Wilden« genauso wie die Paradiessuche in der Exotik oder der Bezwingerwille gegenüber feindlicher Natur.

Doch keine andere Institution steht auch so sehr für Pioniergeist und die Geschichte ernsthafter wissenschaftlicher Expeditionen wie die RGS. Und sie litten zu Wasser, zur Erde, in Wald und Wüste und Eis, und mitunter kehrten sie nie mehr zurück, all die ruhmreichen Männer und Frauen wie Isabella L. Bird, David Livingstone und Robert F. Scott, Ernest Shackleton und John Franklin, Richard Burton und John Speke. Sie – und die hitzeresistenten und schockgefrorenen Fotografen an ihrer Seite – sind gewiß die Protagonisten in der Heldensaga der Königlichen Geographischen Gesellschaft. Daß die RGS aber so viele weiße Flecken auf der Weltkarte tilgen konnte wie niemand sonst in anderthalb Jahrhunderten, liegt am Spektrum in Deutschland weithin unbekannter Kartographen und Botaniker, Biologen und Entomologen, Anthropologen und Universalgelehrter, deren Berichte die geographischen Unternehmungen der RGS bereicherten.

Sie kamen aus Quäkerfamilien oder Pfarrershaushalten, waren Teepflanzer, Pferdezüchter oder Goldschürfer im »ersten Leben«; sie sprachen Arabisch, Hindi und Urdu, bevor sie zwölf Jahre Insektenstudien im Südpazifik betrieben oder in der Rub al-Khali nach »verlorenen Städten« und nach der Weißen Oryxantilope suchten. Bevor sie sich von betrunkenen Trappern durch die Rocky Mountains führen ließen, in Uganda Eisenbahntrassen vermaßen, am Kilimandscharo Dialekte sammelten oder auf Vanuatu die Bandage-Techniken studierten, mit denen dort Kindern kegelförmige Schädel »anerzogen« wurden.

Und die Lichtbildner in Diensten der RGS? Als sich, 1907,

ein gewisser Captain W. H. I. Shakespear, Forschungsreisender im östlichen Arabien, in einem Rover mit Ein-Zylinder-Motor auf die Fahrt vom Persischen Golf nach England und retour begab, war die mühsame Zeit der Fotografie trotz solcher Vehikel noch lange nicht vorbei. Die Angststarre, der Abwehrgestus, die zementierte Mimik mancher der in diesem Buch zu berachtenden Gesichter können also nicht nur als Ergebnis kulturschockartiger Begegnungen mit den fremden Weißen gesehen werden. Vielmehr: Sollte da überhaupt etwas auf Platte gebannt werden können, brauchten die Fotografen den Stillstand ihrer Objekte, und sie befahlen ihn; mitunter auch den Forschern ihrer Majestät. Einen ganzen Wagen mit Dunkelkammer und monströser Apparatur schleppte Francis Frith, einer der führenden Landschaftsfotografen des 19. Jahrhunderts, schwitzend durch Ägypten, Palästina und Syrien, immerhin unverrückbare Monumente im Blick. Und John Noel mußte sich 1922 noch eigens Wasser auf 5500 Meter Höhe hinaufpumpen lassen, um im Basislager einer Erkundungs-Expedition zum Mount Everest seine Filme entwickeln zu können. Die er dann über einem Feuer aus Yak-Dung trocknete.

Vom »Abenteuerspielplatz Erde« schreibt Wolf Schneider in einer GEO-Reportage über die Royal Geographical Society. Diese aufregende Note, vor allem die Aura des spektakulären Erstkontaktes mit dem Sagenhaften und Geheimnisvollen, haftet den heutigen Expeditionen der Society nicht mehr an. Aber zugleich sind sie ziviler geworden, gilt die Parallelität von Entdeckung mit Handels- und Machtpolitik nicht mehr, ist die RGS nicht länger »Das Reisebüro für ein Weltreich«, wie sie 1996 in einer Fernseh-Dokumentation rückblickend betitelt wurde.

Systematische Regenwaldforschung am Amazonas, Ökologie, Meeresbiotope, »Sozialgeographie« bis hin zu Studien über die stadträumliche Verteilung der Kriminalität in Manchester sind heute die Themen der Royal Geographical Society, mögen einzelne ihrer Mitglieder auch immer noch auf der Jagd nach rekordgeeigneten Weltumrundungen über Nord- und Südpol sein.

Das vorliegende Buch zieht also nur eine Zwischenbilanz von der Erkundung der Welt – die aber mit den sicher eindrucksvollsten optischen Zeugnissen großer Augenblicke.

Einführung

Dr. John Hemming

ALS DIE ROYAL GEOGRAPHICAL SOCIETY im Jahre 1830 ihr königliches Gründungspatent erhielt, war ihre Aufgabe eindeutig umrissen: »jenen wichtigen und doch so unterhaltsamen Zweig des Wissens zu fördern – die Geographie«. Diesem Bildungsauftrag kommt die Society bis heute auf vielerlei Weise nach, durch Vorträge und Tagungen, die Veröffentlichung wissenschaftlicher Zeitschriften und Bücher, durch ihre Kontakte mit Akademikern und Regierungsstellen und durch die Pflege ihrer weltberühmten Sammlung von Landkarten, Büchern, Archivmaterialien und Bildern. Das Ansehen der R. G. S. in akademischen Kreisen ist seit dem Zusammenschluß der Society mit dem Institute of British Geographers im Jahr 1995 noch gestiegen.

Doch so wichtig solche Aufgaben sind, ist es nicht ihre pädagogische Arbeit, für die die Royal Geographical Society berühmt ist, sondern die führende Rolle, die sie bei der Erforschung unseres Planeten gespielt hat. Die R. G. S., die aus einem Club von Forschungsreisenden hervorgegangen war, begann sogleich nach ihrer Gründung mit der Unterstützung von Expeditionen, gab Berichte in Auftrag und zeichnete erfolgreiche Entdecker mit Medaillen aus. Briten sind von jeher als Entdecker besonders erfolgreich gewesen, und die Society hat europäische Expeditionen an die entferntesten Enden der Erde geschickt und dadurch mitgeholfen, daß viele weiße Stellen auf der Weltkarte gefüllt werden konnten. Jede dieser Expeditionen hat Wagemut gebraucht, und es ging nie ohne Gefahr für Leib und Leben ab. Einige endeten mit Triumphen, andere in Katastrophen, doch viele haben ihren Platz in den Geschichtsbüchern gefunden, und alle haben dazu beigetragen, daß wir die Welt, in der wir leben, heute besser kennen und verstehen denn je.

In den beinahe 170 Jahren ihrer Geschichte hat die Society die Erforschung einer ganzen Reihe von Regionen betreut, und die Schwerpunkte haben sich mit den Jahren verschoben. Viele Jahrzehnte lang war das größte Ziel die Nordwestpassage, die Entdeckung eines Seewegs durch die noch weithin unbekannte Inselwelt Nordkanadas. 1845 nahm der Vizepräsident der Society, Sir John Franklin, die Herausforderung an. Mit 138 Mann und zwei speziell für die Fahrt ins Polarmeer gebauten Segel-Dampfschiffen machte er sich auf den Weg, die Passage zu finden. Er kehrte nie zurück. Acht Jahre lang hoffte man vergebens, und am Ende mußte man eingestehen, daß er und seine Männer tot sein mußten. Eine Reihe von Suchexpeditionen, teils auf dem Seeweg, teils über Land durch die kanadische Tundra, fanden nur einzelne Gräber und ein paar spärliche Hinterlassenschaften.

Erfolg und Mißerfolg begleiteten auch die Expeditionen am anderen Ende der Erde, wo die Forscher tief in die Wüsten des australischen Kontinents vordrangen. Mehrere Versuche wurden unternommen, den Kontinent zu durchqueren, nicht zuletzt weil man einen großen See im Landesinneren vermutete. Diese Expeditionen wurden nicht von der R. G. S. organisiert oder finanziert, doch die Anerkennung der Society war den Australienforschern sicher. Burke und Wills, die ersten, die eine Nord-Süd-Durchquerung versuchten, kamen dabei um. Doch andere – darunter Eyre, Leichhardt, Sturt, Stuart, die Gregory-Brüder – wurden mit Goldmedaillen ausgezeichnet.

Ebenfalls in der südlichen Hemisphäre und zur gleichen Zeit erkundete Robert Fitzroy als Kapitän der »Beagle« die südamerikanischen Küsten, und als Begleiter hatte er seinen Freund Charles Darwin dabei. Jeder weiß, wie entscheidend die Fahrt der »Beagle« für die Entwicklung seiner Theorie von der Entstehung der Arten durch natürliche Auslese war. 1849 fuhren drei junge Engländer – Alfred Wallace, Henry Bates und Richard Spruce – an den Amazonas und verbrachten Jahre damit, die unglaublichsten Reichtümer an Flora und Fauna zu sammeln. Bates kehrte nach London zurück und wurde der erste hauptamtliche Sekretär der Society, und Wallace ging (mit Unterstützung der R.G.S.) nach Südostasien, wo seine Forschungen ihn zu Schlüssen brachten, die Darwins Theorien untermauerten.

Um die Mitte des 19. Jahrhunderts wandte sich die Aufmerksamkeit Zentralafrika zu. In den 1850er Jahren begann Richard Burton – ein furchteinflößender Mann, den bis dahin vor allem die islamische Welt und die tantrischen Mysterien Südasiens fasziniert hatten –, mit einer von persönlichem Ehrgeiz getriebenen Suche nach den Quellen des Nils. Die R.G.S. war mit diesem Projekt eng verbunden. Sie unterstützte Burton und seinen rauhbeinigen Begleiter John Speke und finanzierte eine weitere Expedition von Speke und Grant, nachdem diese entdeckt hatten, daß der Nil aus einem gewaltigen See ausfloß, den sie nach Königin Viktoria benannten. Ein weiterer Nilforscher, der gutmütige Großwildjäger Samuel Baker, stieß vom Sudan aus nilaufwärts vor. Er reiste in Begleitung seiner jungen Frau Florence, einer Schönheit, die er auf dem Balkan kennengelernt hatte.

Weiter im Süden war währenddessen Dr. David Livingstone dabei, im Zuge seiner denkwürdigen Reise quer durch den Schwarzen Erdteil – von Angola bis zur Mündung des Sambesi – die Kalahariwüste zu durchqueren. Livingstone war ein Humanist und erbitterter Gegner der Sklaverei, und er war ein unvergleichlicher Entdecker; seine Erfolge als Missionar hingegen waren nicht der Rede wert. Für eine zweite Fahrt Dr. Livingstones zum Sambesi stellte die Society Mittel zum Bau eines passenden Bootes bereit. Der Maler Thomas Baines hielt diese Reise in effektvollen Bildern fest und war auch der erste, der Ansichten der Viktoriafälle mit zurück nach Europa brachte, von denen viele heute die Räumlichkeiten der Society zieren. Dort findet sich auch eine Vitrine, in der bisweilen die Hüte ausgestellt sind, die Livingstone und Stanley 1871 bei ihrem berühmten Treffen am Ujiji trugen, wo der alt und krank gewordene Livingstone ebenfalls nach den Quellen des Nils suchte. Als der große Mann zwei Jahre darauf starb, begruben seine treuen Diener sein Herz unter einem Baum, doch seinen Leichnam trugen sie durch halb Afrika bis zur Küste des Indischen Ozeans; er wurde nach England zurückgebracht und im Hauptquartier der Society aufgebahrt.

Die Pole der Erde haben um die Wende vom 19. zum 20. Jahrhundert die Entdecker besonders angelockt. Doch in beiden Fällen waren es nicht die Briten, sondern andere Nationen, die im Wettrennen zu den entferntesten Punkten der Erde den Sieg errangen. Der amerikanische Commander Robert Peary (vielleicht auch schon vor ihm sein Landsmann Dr. Frederick Cook) war im Jahre 1909 der erste, der den Nordpol erreichte; zwei Jahre später langte der Norweger Roald Amundsen wenige Tage vor Scott am Südpol an. Doch die Briten organisierten unter Leitung des späteren Präsidenten der Society, Vivian Fuchs, in den Jahren 1955–58 die erste Durchquerung des antarktischen Kontinents, und Ranulph Fiennes' Weltumrundung in den 1980er Jahren war die erste Expedition, die beide Pole berührte.

Nie hat es auf der Erde so viele Forschungsunternehmungen gegeben wie in den letzten Jahrzehnten. Wir leben in einem goldenen Zeitalter der Entdeckungen, wobei die meisten dieser Entdeckungen heute wissenschaftlicher Natur sind. Die Wissenschaft findet Tausende neuer Tier- und Insektenarten, erforscht die Funktionsweise der großen Ökosysteme – der Regenwälder, Wüsten, Bergländer, Eisflächen, Savannen, Feuchtgebiete und Ozeane – und erkundet selbst die entferntesten Gipfel, Bergbäche, Wälder, Höhlen und Meeresgründe. Die R.G.S. hat bei dieser wahren Explosion wissenschaftlicher Unternehmungen eine wichtige Rolle gespielt; sie hat Hunderte von kleinen Forschungsexpeditionen gefördert und eigene größere Projekte organisiert. Seit ich im Dezember 1975 Direktor der R.G.S. wurde, hat sie zwölf große Forschungsprojekte durchgeführt, von denen jedes auch der Bildersammlung der Society reiches Material beschert hat. Besonders hervorzuheben wären die Mulu-(Sarawak-)Expedition von 1977/78, die Internationale Karakorum-Expedition von 1980, Nigel Winsers Wahiba-Projekt in Oman und mein eigenes Maracá-Regenwaldprojekt von 1987/88, bei dem stolze zweihundert Wissenschaftler und Techniker in ein unerforschtes Gebiet des brasilianischen Regenwaldes zogen.

In all den Jahren, die sich die Royal Geographical Society nun schon für die Erforschung unseres Planeten einsetzt, ist ihr die Fotografie – die nur wenige Jahre nach Gründung der Society das Licht der Welt erblickte – stets eine unschätzbare Hilfe gewesen. Die R.G.S. brachte den Forschern, die sie auf die Reise schickte, den Umgang mit der Kamera bei, damit sie ein Hilfsmittel hatten, ihre Funde zu dokumentieren, und die Aufnahmen dieser Entdecker wurden zum Grundstock eines einmaligen Fotoarchivs. Viele späte Afrikaforscher, die von der R.G.S. unterstützt wurden, überließen ihr zum Dank ihre Bilder, oder sie benannten neuentdeckte Berge und Flüsse nach Präsidenten der Society. Besonders schöne Fotosammlungen brachten Sir Harry Johnston und Ernest Gedge aus Ostafrika mit, andere stammen von Joseph Thompson aus Kenia, von Courtney Selous aus Tansania und Boyd Alexander aus Nigeria, um nur einige zu nennen. Jenseits des Roten Meeres, in Arabien, ließen sich St. John Philby, Charles Doughty und später Freya Stark und Wilfred Thesiger allesamt von der Wüste und ihren stolzen arabischen und beduinischen Einwohnern verzaubern und hielten vieles, was sie sahen, in Bildern fest. Zu den größten Schätzen in den Archiven der Society gehören allerdings die Aufnahmen von Captain Shakespear, der die Entstehung Saudi-Arabiens mit der Kamera festhielt und der mit Ibn Sauds Kriegern auf ihren Kamelen in die Schlacht ritt und darin umkam.

Indien war immer das Kronjuwel des viktorianischen Reiches, und prachtvolle Fotografien aus ganz Südasien sind in der Sammlung der Society besonders reichlich vertreten. Die R.G.S. engagierte sich speziell bei der Erforschung des Himalaja und des zentralasiatischen Hochlandes zu einer Zeit, zu der diese Regionen im großen geopolitischen Schachspiel der Kolonialmächte zwischen Großbritannien und Rußland umstritten waren. Ein Lageplan von Lhasa war kein geringerer geographischer Gewinn als die Bestimmung der Quellen des Nils, und die R.G.S.-Goldmedaille des Jahres 1877 ging an Nain Singh, den mutigen Pandit, der jahrelang als buddhistischer Pilger verkleidet das Innere Tibets erforschte. Die größten Bildersammlungen aus Asien kamen jedoch erst später: von Mrs. Isabella Bird (Bishop), einem der ersten weiblichen Mitglieder der Society, die ebenso romantische wie furchtlose Reisen in die Rocky Mountains, nach Japan, China und Persien unternahm; von Douglas Carruthers, der bis tief ins russische Zentralasien und die Mongolei vordrang; und von dem großen Botaniker Frank Kingdon-Ward, dessen Blumen aus dem Himalaja den Gärten Großbritanniens ein neues Gesicht gaben. Außerdem besitzt die Society eine Reihe von schönen Aquarellen, die Oldfield in den 1850er Jahren in Nepal malte.

Die Hauptattraktion des Himalaja waren natürlich seine Berge und darunter wiederum vor allem der höchste Gipfel der Welt, benannt nach George Everest, dem britischen Offizier, der die trigonometrische Vermessung Indiens leitete. 1922 begann die Society, die Besteigung des Mount Everest zu unterstützen, und im Archiv finden sich Aufnahmen von sämtlichen Besteigungsversuchen sowie von den bergsteigerischen Leistungen Eric Shiptons und Bill Tilmans – darunter auch Shiptons Aufnahme eines Fußabdruckes des Yeti, des schrecklichen Schneemenschen, die aber wohl ein Scherz sein dürfte. John Hunts Everest-Expedition von 1953 wurde in den Räumlichkeiten der R.G.S. geplant, und Alfred Gregorys spannende Bilder davon gehören zum Archiv. Ebenso findet sich dort Edmund Hillarys be-

rühmtes Foto von sich und dem Sherpa Tenzing Norgay, den beiden ersten Menschen auf dem Dach der Welt.

Auch der Erforschung der Polgebiete verdankt das Fotoarchiv der Society wertvolle Aufnahmen. Die R.G.S. war an einem Versuch im Jahre 1876 beteiligt, den Nordpol mit einer Flottille unter der Leitung von Captain George Nares zu erreichen. Diese Unternehmung bescherte ihr immerhin Gemälde und Fotografien, darunter einige prachtvolle Ölbilder, die im Vortragssaal und im Tearoom der Gesellschaft hängen. Die schönsten Polaraufnahmen stammen allerdings von Frank Hurley, dem Fotografen von Ernest Shackletons dramatischen Fahrten in die Antarktis. Außerdem besitzt die Society eine erstklassige Sammlung von Aquarellen Dr. Edward Wilsons, der bei Captain Robert Scotts tragischer Südpolexpedition dabeiwar.

Seit 1830 ist die Royal Geographical Society Zeuge aller großen Augenblicke in der britischen Entdeckungsgeschichte gewesen. Ein Großteil dieser spannenden Geschichte ist in Bildern festgehalten; sie befinden sich heute im Archiv der Society, das im Laufe der Jahre seine Bestände kontinuierlich erweitert hat und heute eine halbe Million Bilder umfaßt. Die größten Schätze sind die Sammlungen, die Expeditionen mit zurückgebracht haben, doch manches Meisterwerk kommt von bescheideneren Reisen und legt Zeugnis ab von einer Welt, die längst nicht mehr besteht. Im vorliegenden Band werden zum ersten Mal einige Glanzstücke aus der Sammlung der Royal Geographical Society in Buchform präsentiert.

Die Gipfel des Himalaja hatten schon immer eine magische Anziehungskraft für Bergsteiger, ganz besonders der majestätischste von allen, der Mount Everest. J. B. Noel hat 1922 die Mannschaft der ersten von der R. G. S. betreuten Everest-Expedition beim Frühstück fotografiert.

Die Welt im Objektiv

Michael Freeman

Das Gründungsjahr der Royal Geographical Society fällt in die gleiche Zeit, in der auch die Geburtsstunde der Fotografie schlug. 1826 gelang es Nicéphore Niepce, einem ehemaligen Offizier der französischen Armee, den Blick aus seinem Arbeitszimmerfenster mit einer Kamera festzuhalten – die erste geglückte Fotografie der Welt. Es war allerdings kein allzu praktisches Verfahren, denn die Belichtungszeit dauerte fast einen ganzen Tag, und die Zinnplatten, die er für seine Aufnahmen verwendete, waren zu weich für den praktischen Gebrauch.

Entschlossen, diese Probleme in den Griff zu bekommen, tat Niepce sich 1829 mit dem Bühnenbildner Louis-Jacques Daguerre zusammen, und gemeinsam entwickelten sie ein praktikables fotografisches Verfahren: die Daguerreotypie, die im Jahr 1839 der Weltöffentlichkeit präsentiert wurde. Wie von Zauberhand konnte das neue Medium Szenen aus dem Leben einfangen, und das Publikum war auf Anhieb begeistert.

John Ruskin, einer der Pioniere der Kunstkritik, verglich eine Daguerreotypie und ein Canaletto-Gemälde desselben venezianischen Palasts und kam zu dem Schluß, daß die Fotografie dem Gemälde überlegen sei: »Jede einzelne Figur, jeder Riß und Fleck wird genau festgehalten, und wo Canaletto drei Fuß brauchte, braucht sie nur einen Zoll.« Auch wenn viele der Vergleiche, die nun zwischen Fotografie und Malerei angestellt wurden, naiv waren (1839 proklamierte Paul Delaroche: »Mit dem heutigen Tag ist die Malerei gestorben!«), stand doch außer Zweifel, daß die Kamera manche Aufgaben, die bislang Malern und Zeichnern vorbehalten waren, besser erfüllen konnte. Ruskin wollte kein ästhetisches Urteil fällen. Ihm ging es um die Exaktheit der Wiedergabe, und sein Kommentar lenkte die Aufmerksamkeit bereits auf das, was sich als die größte Stärke der Fotografie erweisen sollte – ihre dokumentarischen Qualitäten.

In den vergangenen 150 Jahren haben Fotografen mit einer Vielzahl von Formen und Stilrichtungen experimentiert und experimentieren bis heute, doch ihre größten Triumphe hat die Fotografie stets als Medium der Berichterstattung gefeiert. Die Fotografie ist dann am besten, wenn sie beschreibt, wie die Dinge sind.

Anfängliche Schwierigkeiten

In den ersten Jahrzehnten der Fotografie standen technische und praktische Fragen im Vordergrund, und welcher Gegenstand auf welche Weise fotografiert wurde, hing eher von den Beschränkungen des Mediums ab als von den Wünschen und Vorstellungen des Fotografen. Das Daguerreotypie-Verfahren war, in der Form, in der es im Jahr 1839 vorgestellt wurde, alles andere als unkompliziert; die Belichtungszeit betrug zwanzig bis dreißig Minuten, die Silberschicht auf der Kupferplatte mußte zunächst lichtempfindlich gemacht werden, indem man sie mit Jod bedampfte, und zur Entwicklung hielt man sie anschließend über erhitztes Quecksilber. Das Ergebnis hatte, auch wenn es viel vom Reiz einer außerordentlich fein ausgeführten Miniatur besaß, einen entscheidenden Nachteil, dessen man sich zunächst nicht bewußt war: Die Daguerreotypie lieferte immer nur ein einziges positives Bild, das sich nicht vervielfältigen ließ. Anfangs fand man das ganz normal – eine Daguerreotypie war ebenso ein Unikat wie die anderen Kunstwerke auch, mit denen die frühen Fotografien unweigerlich verglichen wurden. Erst mit Erfindung des Negativs, von dem man eine unbegrenzte Zahl von Abzügen herstellen konnte, wurde die Fotografie etwas grundsätzlich anderes. Daguerres Verfahren führte, auch wenn ihm die ersten Bilder gelangen, vom heutigen Standpunkt gesehen in eine Sackgasse.

Das Interesse der frühen Fotografen galt in erster Linie Porträt- und Freiluftaufnahmen – letztere waren das Hauptanliegen der

Fotografen, die im Auftrag der Royal Geographical Society reisten –, und für beides war die Technik zunächst nur bedingt geeignet. Die minutenlangen Belichtungszeiten machten die Aufnahme von Menschen unmöglich; Landschaften und Gebäude hatten zwar den großen Vorteil, daß sie sich nicht bewegten, doch die fotografischen Verfahren der ersten vierzig Jahre erforderten durchweg umfangreiche Vorbereitungen vor Ort, und das belichtete Material mußte sofort entwickelt werden – natürlich in völliger Dunkelheit. Das Fotografieren vor Ort verlangte von den Fotografen geradezu heroische Anstrengungen, ganz besonders von jenen, die sich Bilder aus Gegenden vorgenommen hatten, die auch ohne die zusätzliche Last einer tragbaren Dunkelkammer schwierig genug zu erforschen waren.

Wenn man sich heute im Archiv der Royal Geographical Society die 140jährige Geschichte der Reise- und Expeditionsfotografie vor Augen führt, vergißt man nur zu leicht, welch enorme physische Schwierigkeiten die Fotografen des 19. Jahrhunderts zu bewältigen hatten. Was uns am Ende des 20. Jahrhunderts in einer Zeit narrensicherer Kameras mühelos vorkommt, verlangte damals Idealismus und Einsatz. Daß es Fotografen gab, die bereit waren, dies alles auf sich zu nehmen, zeugt von dem schier unstillbaren Wissensdurst und Bildungshunger der viktorianischen Zeit.

Die Briten im Mutterland waren die kulturellen Nutznießer der politischen und ökonomischen Triumphe des Empire, und entsprechend groß war die Nachfrage nach Bildern aus fernen Ländern. Mit dem immer mächtiger werdenden Kolonialreich und dem Ausbau der Industrie entwickelte sich ein neuer viktorianischer Pragmatismus, und dabei erfüllten die Fotos von der Erforschung fremder Länder und Völker eine Reihe von Aufgaben: Sie dokumentierten den Erfolg in den Kolonien – sichtbare Zeichen, daß die Briten tatsächlich ein weltumspannendes Imperium beherrschten. Sie lieferten ein Inventar all der Orte und Kulturen, die neue wirtschaftliche Möglichkeiten boten. Und sie konnten Bildung vermitteln in einer industriellen Gesellschaft, die fest entschlossen war, Bescheid zu wissen.

Das nasse Kollodiumverfahren

Die erste technische Revolution in der Geschichte der Fotografie war die Erfindung des nassen Kollodiumverfahrens im Jahr 1851, durch das die Belichtungszeiten für die meisten Freiluftaufnahmen auf zehn bis dreißig Sekunden gesenkt werden konnten. Dennoch waren die technischen Schwierigkeiten immens. Das Kollodium wurde auf eine Glasplatte gegossen, die anschließend so lange hin- und herbewegt werden mußte, bis sich das Kollodium gleichmäßig auf der ganzen Platte verteilt hatte, und die Aufnahme konnte nur gemacht werden, solange die Beschichtung noch feucht war. Danach mußte das Negativ unverzüglich entwickelt werden. Dieses Verfahren zwang den Fotografen also, sich im voraus auf eine Ansicht festzulegen. Für Experimente blieb dabei nur wenig Raum.

Anfangs begünstigte dieses Verfahren einen fotografischen Stil, den man am ehesten als »topographisch« bezeichnen kann und mit dem ein neuer Realismus Einzug in die Darstellung von Landschaften und Gebäuden hielt. An die Stelle der romantischen Landschaftsmalerei mit ihrer Vorliebe für weite Perspektiven und überwucherte Ruinen vergangener Kulturen trat eine neue Sicht, ein exaktes, dokumentarisches Abbild der Realität. In vielen Fällen war es allerdings gerade diese ältere, romantische Sichtweise mit all den Freiheiten, die sich der Künstler erlaubte, um eine bestimmte Atmosphäre zu schaffen und dem Bild einen Hauch von Geheimnis zu verleihen, die nun die neuen Fotografen dazu anregte, nach exotischen Sujets zu suchen.

In den Jahren 1857/58 trat Désiré Charnay, ein französischer Lehrer aus New Orleans, in die Fußstapfen von John Lloyd Stephens und Frederick Catherwood, dessen Lithographien der Mayaruinen auf der mexikanischen Halbinsel Yucatán den romantischen Stil so vieler Expeditionsillustrationen prägte. Etwa zur gleichen Zeit unternahm Francis Frith drei Expeditionen nach Afrika und in den Nahen Osten, in deren Verlauf er nilaufwärts bis zum fünften Katarakt reiste.

Die Fotografien, die diese und andere Fotografen von ihren abenteuerlichen Reisen in ferne Länder mitbrachten, ließen zwar keinen Zweifel daran, daß die Illustrationen früherer Reiseberichte und Geographiebücher vielfach übertrieben waren, aber sie waren deswegen nicht weniger romantisch. Die enorme Detailfülle von Bildern, die (wie etwa bei Frith) zum Teil Formate von 40 mal 50 Zentimeter hatten, gab dem Betrachter die Möglichkeit, selbst auf Entdeckungsreise zu gehen.

Diese frühen Fotografien konnten bisweilen sogar dazu beitragen, die Wirklichkeit zu verändern. So fotografierte William Henry Jackson, der seit den späten 1860er Jahren Porträtaufnahmen von Indianern gemacht hatte, als erster die brodelnden Geysire und heißen Quellen von Yellowstone. Seine Fotos, die 1871 im Rahmen einer amerikanischen geologischen Expedition entstanden, beeindruckten die Kongreßabgeordneten so sehr, daß sie mitverantwortlich dafür sein dürften, daß in Yellowstone 1872 der erste amerikanische Nationalpark geschaffen wurde.

Wer auf seinen Bildern Menschen zeigen wollte, mußte sie posieren lassen und ihnen einschärfen, daß sie sich nicht bewegen durften. Einer der ersten Reisefotografen – und einer der bedeutendsten – war der Schotte John Thomson, ein Mitglied der Society. Mit schier unglaublicher Hartnäckigkeit verbrachte er in den 1860er und 1870er Jahren fast ein ganzes Jahrzehnt auf Reisen in China und Südostasien. Nach einem ersten Buch über die gerade erst entdeckten Ruinen im kambodschanischen Angkor konzentrierte er sich auf das Leben und die Gesellschaft Asiens und fotografierte vor allem in China. Er arbeitete, wo immer sich eine Gelegenheit ergab, in Ateliers vor Ort, auf Straßen und Märkten, und stellte dabei eine Dokumentation einer Kultur zusammen, die für sein viktorianisches Publikum ausgesprochen exotisch war. Thomson war ein Pionier der ethnographischen Fotografie, einer der ersten Fotoreporter, auch wenn die Grenzen der technischen Möglichkeiten ihn oft zwangen, mit gestellten Aufnahmen zu arbeiten. Die Bilder erschienen 1873/74 in vier Bänden unter dem Titel *Illustrations of China and Its People.*

Trockenplatte und Zelluloid

Das mühevolle Kollodiumverfahren, bei dem die Fotografen immer nur jeweils eine Platte präparieren, belichten und in ihren Dunkelkammer-Zelten entwickeln konnten, hielt sich ein Vierteljahrhundert, dann kam die Erfindung der Trockenplatte, die mit Gelatine statt mit Kollodium als Bindemittel arbeitete. Doch es dauerte noch bis 1878, bis Platten aufkamen, die ein Fotograf fertig präpariert im Gepäck haben konnte, und bis Belichtungszeiten von Sekundenbruchteilen möglich wurden. Die Platten waren nach wie vor aus Glas, was für die langen Reisen unter oft schwierigen Bedingungen nicht eben ideal war, doch immerhin konnten die Fotografen nun Aufnahmen ohne lange Vorbereitungen machen.

Die technischen Fortschritte bei Geräten und Aufnahmematerial kamen immer schneller, und Schritt für Schritt verschwanden die Hindernisse, die Aufnahmen mancher Motive unmöglich gemacht hatten. Die Fotografen nahmen die Möglichkeiten zu größerer künstlerischer Freiheit, die sich dadurch eröffneten, mit Begeisterung auf. Ein weiterer großer Fortschritt war es, als im Jahre 1888 Zelluloidfolien auf den Markt kamen, die so dünn waren, daß sie das Glas ersetzen konnten. Im darauf folgenden Jahr nahm die Eastman Company (die auch die Kodak-Kameras herstellte) die Produktion von Rollfilmen aus noch dünnerem Zellulosenitrat auf.

Die führenden Fotografen machten sich all diese technischen Neuerungen zunutze, erweiterten die Bandbreite ihrer Motive und experimentierten mit neuen, weniger konventionellen Einstellungen. Herbert Pontings klassische Aufnahme einer Eisgrotte ist ein schönes Beispiel dafür, wie Fotografen mit der Kamera neue Bildkompositionen erkundeten, wie sie sich um ihr Motiv bewegten und es aus neuen Blickwinkeln sahen. Ponting, der als offizieller Fotograf Scotts Antarktisexpedition von 1910–12 begleitete, war von seinem ganzen Temperament her ein Neuerer. Er hatte drei Jahre in Japan verbracht, um das zu dokumentieren, was für ihn eine ausgeglichene, wohlgeordnete Gesellschaft war, und mit einer Art kompositorischem Minimalismus gearbeitet, um diesen Eindruck auch zu vermitteln. Als einer der ersten wählte er die Bildausschnitte weitgehend nach seinem persönlichen Geschmack.

Die Anfänge der modernen Fotografie

Mit Beginn des 20. Jahrhunderts kamen immer lichtempfindlichere Filme auf den Markt, und dank der neuen Rollfilme konnten die Kameras nun mehrere Aufnahmen hintereinander belichten, und es waren Bildfolgen ohne Filmwechsel möglich. Die Kamera emanzipierte sich vom Stativ. Diese Entwicklungen trugen auch dazu bei, daß das Fotografieren demokratischer wurde und immer mehr Amateure zur Kamera griffen. Gerade bei Expeditionen konnte nun die Bilddokumentation nebenher geschehen, und man brauchte keinen Berufsfotografen mehr. Was die Fotografien an künstlerischer Qualität verloren, wurde wettgemacht durch ihre größere Zahl und die größere Bandbreite an Themen, die im Bild festgehalten wurden.

Die Fotografie, wie wir sie heute kennen, begann 1926, als in Deutschland die Leica auf den Markt kam, die erste Kleinbildkamera mit 35-mm-Kinefilm. Zum ersten Mal hatte man eine wirkliche Handkamera, für damalige Verhältnisse geradezu im Miniaturformat, und diese Kamera wurde so populär und war so vielseitig einsetzbar, daß sie den Standard für praktisch alle setzte, die nach ihr kamen.

Die meisten Entwicklungen seither sind nur noch Detailverbesserungen gewesen: die einäugige Spiegelreflexkamera, die bis zum Augenblick der Belichtung genau das Bild zeigt, das auf den Film kommt, die automatische Belichtungs- und Entfernungsmessung. Die Spiegelreflexkamera machte es auch möglich, mit Wechselobjektiven verschiedener Brennweite zu arbeiten (was bei Sucherkameras stets unpraktisch gewesen war).

Standardobjektive, die fast seit Erfindung der Fotografie die Norm gewesen waren, zeigten das Bild ungefähr in der Perspektive des menschlichen Auges. Nun kamen Weitwinkelobjektive hinzu, die nicht nur ein größeres Gesichtsfeld ermöglichten, sondern die außerdem, wenn man mit ihnen umzugehen verstand, den Betrachter in das Bild hineinziehen konnten. Am anderen Ende des Spektrums vergrößerte das Teleobjektiv weit entfernt liegende Details und komprimierte die Perspektive. Die neuen Brennweiten schufen neue Typen von Bildern.

Die technischen Voraussetzungen für die Farbfotografie – die so offensichtlich die neueren Aufnahmen dieses Bandes von den älteren unterscheidet – wurden schon gegen 1860 geschaffen, doch erst 1935, mit Erfindung des mehrschichtigen Kodachrome-Films, wurde das Verfahren für die meisten Fotografen praktische Realität. Erst seit den 1940er Jahren ist die Farbfotografie eine ernstzunehmende Alternative zur Schwarzweißfotografie geworden, und erst in den 60er Jahren wurde sie zur Norm. Bis heute gibt es zwei Arten von Farbfotografien – solche, bei denen die Farbe einfach nur zufällig mit aufs

Bild kommt, und solche, bei denen der Fotograf die Farbeigenschaften seines Motivs bewußt als Kunstmittel einsetzt. Landschaften und andere Freilichtszenen solcher Fotografen wirken pittoresker, und sie widmen dem Himmel und den kleinsten Veränderungen der Lichtverhältnisse mehr Aufmerksamkeit denn je.

Im Grunde schlägt sich jede technische Verbesserung in Filmmaterial, Kameras und Objektiven auch in neuen Darstellungsformen nieder. Meistens ist jede neue Stufe naturalistischer als es zuvor möglich war. Dies gilt besonders für die ethnographische Fotografie, die ein wichtiger Bestandteil der Fotosammlung der R.G.S. ist. Es könnte zum Beispiel jemand sagen, daß das Unnatürliche mancher frühen Eingeborenenporträts von einer mangelnden Sensibilität der Kolonialherren zeuge und daß ein großer Unterschied zu moderneren Bildern bestehe, auf denen die Porträtierten im Kontext ihrer eigenen Kultur gezeigt werden.

Doch es gibt eine viel einfachere Erklärung, und die hat mit der technischen Entwicklung der Fotografie zu tun. Bis zum Aufkommen von Kleinbildkameras mit hochempfindlichem Film, lichtstarken Objektiven und schnellen Verschlüssen – kleinen Kameras, die in jeder Situation bereit waren – war es praktisch unmöglich, natürliche Fotos von Menschen zu machen, die ihrem täglichen Leben nachgingen. Wenn man Leute fotografieren wollte, mußte man sie in Positur setzen, und am einfachsten war es, wenn man sie direkt ins Objektiv blicken ließ. Manchmal inszeniert ein früher Fotograf, John Thomson zum Beispiel, seine Bilder mit solchem Geschick, daß wir vergessen, wie gestellt sie sind, doch es bleibt eine Tatsache, daß erst seit relativ kurzer Zeit Fotografen in der Lage sind, ganz normales Leben wiederzugeben, ohne daß sie dieses Leben dabei verändern. Wäre das im 19. und im frühen 20. Jahrhundert schon möglich gewesen, sähen wir es zweifellos auch auf den frühen Bildern.

Dokumentarfotografie

Die Entwicklung der Fotografie wird gern als eine Folge künstlerischer Strömungen dargestellt, doch das entspricht nicht der Wirklichkeit. Gewiß gab es Salons und Künstlergruppen, die über Feinheiten des Stils diskutierten, über die Aufgaben des Fotografen und den Stellenwert der Fotografie in der Kunst, doch die meisten Fotografen waren einfach damit beschäftigt, Bilder aufzunehmen. Selbst innerhalb der »künstlerischen« Fotografie folgt auf Bewegungen wie Impressionismus, Symbolismus und dergleichen immer wieder eine Gegenbewegung zurück zum Dokumentarischen. In den 1890er Jahren war es der Naturalismus, in den 1920er Jahren in Deutschland die Neue Sachlichkeit und in Amerika die *straight photography* von Edward Weston, Paul Strand und anderen, und so ging es weiter bis heute. Auch die Kritik bewertet die gewaltige Zahl an Fotografien, die heute existieren, immer wieder neu, doch je mehr Zeit vergeht, desto mehr verschieben sich die Gewichte hin zu echter Dokumentarfotografie. Die Fotografen, die in der Sammlung der Royal Geographical Society vertreten sind, haben gewaltige Arbeit in ihre Fotos gesteckt, und das merkt man den Bildern an. Aufrichtig und bisweilen mit großer Einsicht hielten sie fest, was sie an nie gesehenen Orten und bei fremden Kulturen fanden – einen Augenblick lang ließen sie die Zeit stillstehen, so daß wir diese Orte und diese Menschen nun für immer und in aller Klarheit betrachten können.

John Thomsons Aufnahme des Botanischen Gartens von Brisbane zeigt das schöne Leben im tropischen Teil Australiens um 1894. Tennisspieler haben ihr Match für einen Augenblick unterbrochen und vor dem Gouverneurspalast Aufstellung genommen, mit dem frisch angepflanzten exotischen Garten im Hintergrund.

Asien

Reich der Seide – Reich der Gewürze

Sir Edmund Hillary

Ich bin in Neuseeland zur Welt gekommen, und in meiner Jugend sehnte ich mich, wie so viele meiner Generation, nach nichts so sehr wie nach fernen Ländern.

1950 hatte ich das Geld für die erste Reise beisammen. Ich hatte zahllose Bücher über Indien und den Himalaja gelesen, doch zunächst stand mir der Sinn nach anderem. Wovon jeder junge Neuseeländer damals träumte, das war eine Reise nach England und Europa, zu den Stätten der europäischen Geschichte und Kultur, die unseren Schulunterricht beherrscht hatten.

Ich buchte einen Platz im P & O-Linienschiff, in einer bescheidenen Sechserkabine, und fuhr durch den Suezkanal nach England. In Europa bestieg ich Berge in den österreichischen und schweizerischen Alpen und bereiste dann mit wenig Geld fast den ganzen Kontinent.

Für jemanden vom anderen Ende der Welt war es ein Erlebnis, so viele Zeugnisse der Geschichte zu sehen. Mit klopfendem Herzen stand ich in Westminster Abbey am Grab des Schwarzen Prinzen, mit großen Augen bestaunte ich die Champs-Élysées und den Arc de Triomphe in Paris. Wie verzaubert spazierte ich durch die Ruinen des alten Rom und das mächtige Kolosseum. Etwas Vergleichbares gab es in Neuseeland nicht, und ich hätte mir keinen Ort vorstellen können, der sehenswerter gewesen wäre. Nicht im Traum hätte ich damals gedacht, daß Asien einmal so wichtig für mich werden sollte.

Doch schon im folgenden Jahr, 1951, unternahm ich mit drei weiteren neuseeländischen Bergsteigern eine Expedition in die Gawhal-Region des Himalaja. Wir fuhren mit dem Dampfer von Sydney nach Colombo, dann ratterte unser Zug in einer Nacht voller Glühwürmchen quer durch Sri Lanka, und am nächsten Morgen ging es mit der Fähre zur Südspitze Indiens.

Ich wußte, daß Indien ein Land mit unendlich vielen Menschen und großer Armut war – und das war auch der erste Eindruck. Der Zug schnaufte nordwärts, und wir saßen in einem Erste-Klasse-Abteil, das bescheiden genug war, doch die anderen Waggons quollen über von Menschen. Sogar auf den Dächern saßen sie zu Hunderten. Wenn der Zug hielt, stoben sie über die Gleise davon, gejagt von Polizisten mit Bambus-Schlagstöcken. Doch sobald die Reise weiterging, waren sie alle wieder da – zurück auf den Dächern der Waggons.

Der Himalaja – eine Offenbarung

Wir trafen am frühen Morgen in Madras ein, und da der Zug erst in einigen Stunden nach Kalkutta weiterfahren würde, machten wir im ersten Licht des Tages einen Spaziergang durch die schmutzigen und menschenleeren Straßen. Ich sah einen mageren, halbnackten Mann in der Gosse liegen und dachte, er sei betrunken. Es war ein Schock für mich, als ich näher heranging und begriff, daß er tot war.

Stunde um Stunde, Tag für Tag ging es weiter mit dem Zug – durch den Hexenkessel Kalkutta und das Tal des Ganges hinauf. Auf den größeren Bahnhöfen kauften wir heißen, süßen Tee mit viel Milch und Mahlzeiten aus Curry und Reis. Doch was alles prägte, waren Hitze und Menschen – unglaubliche Mengen von Menschen, viele davon arm.

Der Himalaja war eine Offenbarung für uns. Es gab massenhaft unbezwungene Gipfel, und niemand machte uns Vorschriften. Wir konnten gehen, wohin wir wollten, und jeden Aufstieg versuchen, nach dem uns der Sinn stand. Heute, wo es für alles Regeln gibt und man für alles eine Erlaubnis einholen muß, kann man sich das gar nicht mehr vorstellen.

Im Laufe der Jahre habe ich viel über Indien dazugelernt. 1985 wurde ich neuseeländischer Hochkommissar in Indien und residierte die nächsten viereinhalb Jahre in Neu-Delhi. Es war eine aufregende Zeit, denn damals gingen im Land große Veränderungen vor. Von den 900 Millionen Menschen, die heute in Indien leben, gehören

Hongkong im Jahre 1857. Die Chinesen traten Hongkong 1842 am Ende des sogenannten Opiumkrieges an die Briten ab. Damals galt die Insel als unfruchtbares Ödland.

100 Millionen der Mittelschicht an, und selbst unter den Ärmsten gibt es sehr viel weniger als früher, die wirklich hungern. Die Grüne Revolution hat dafür gesorgt, daß das riesige Land beinahe für alle genug zu essen hat.

Auch der wirtschaftliche Aufschwung seit jener ersten Zugfahrt durch den Subkontinent ist gewaltig. Der Lebensstandard ist stark gestiegen, und die Städte sprühen vor Energie. Nach wie vor gibt es in Indien viele Schwierigkeiten, und es wird noch Jahre dauern, bis das Land sie alle überwunden hat. Wir können über die Einstellung der Inder zu diesen Dingen nur staunen – sie erwarten nicht, daß sich etwas über Nacht ändert, sondern sie begreifen, daß es vielleicht Generationen dauern wird, bis Verbesserungen spürbar sind. Doch am Ende wird Indien ein mächtiger und wohlhabender Staat sein, einer der führenden der Welt – daran glauben sie, und ich teile diesen Glauben.

Was mich immer besonders an Indien fasziniert hat, ist die große Vielfalt an Völkern und Kulturen, sind die alten Festungen und Tempel und Paläste, die Naturreservate, die Flüsse, Seen und die Küsten, und die kühlen *hill stations*, die Erholungsorte der Europäer in den Bergen.

Nördlich schließt sich das kleine Land Nepal an, in dem es mehr großartige Berge gibt als in jedem anderen Land der Erde. In vielem ist Nepal vollkommen anders als Indien. Auch hier leben verschiedene Völker zusammen, doch der Umgangston in Nepal ist stets freundlich, und die Bereitschaft zur Zusammenarbeit in religiösen und kulturellen Fragen ist geradezu verblüffend.

Anders als Indien hat Nepal kaum wertvolle Mineralien, wenig Industrie und keine Ölvorkommen. Es produziert seine Nahrungsmittel weitgehend selbst und erwirtschaftet Devisen durch Herstellung von »Tibet«-Teppichen und den Tourismus. Die grandiose Landschaft und die von Herzen kommende Freundlichkeit der Bewohner machen das Land für Reisende sehr attraktiv.

Nach Maßstäben der Vereinten Nationen ist Nepal eines der ärmsten Länder der Welt – vorausgesetzt, man beurteilt ein Land nach der Zahl der Autos, Fernsehgeräte oder Straßenkilometern pro Kopf. Aber ich glaube nicht, daß das ein vernünftiges Urteil über Nepal ist. Man muß auch die landschaftliche Schönheit bedenken, die starken religiösen und kulturellen Bindungen, die abwechslungsreiche Küche, die gute Laune der Menschen und den bemerkenswerten Gemeinschaftsgeist.

Das Flachland

Ich gebe gern zu, daß ich eine Schwäche für Nepal habe. Die Berge dort waren große Erlebnisse für mich, und ich habe mich sehr für die Einheimischen engagiert und mitgeholfen, Schulen, Krankenhäuser, Pflegeheime, eine bessere Wasserversorgung und sogar Flugplätze in den Bergen zu schaffen. Ich denke oft, wenn das Schicksal mich einmal als Armen in ein armes Land verschlüge, würde ich nirgendwo lieber sein als in einem Bergdorf in Nepal.

Das östlich anschließende Bangladesch ist wieder ganz anders als Indien und Nepal. An die Stelle der hohen, schwer zugänglichen Gebirge treten hier weite, fruchtbare Flußebenen. Bangladesch ist halb so groß wie Neuseeland (wo nicht einmal vier Millionen Menschen leben), hat aber 100 Millionen Einwohner.

Leider wird diese Region öfter als jede andere von Naturkatastrophen heimgesucht. Gewaltige Flutwellen dringen aus dem Golf von Bengalen ins Land, und Sturzbäche ergießen sich aus dem Himalaja. Bangladesch hat immer wieder unter Flutkatastrophen zu leiden, und die Lage der Armen, die in den besonders betroffenen Gebieten wohnen, ist oft hoffnungslos. Vor allem für Frauen und Kinder ist das Leben äußerst hart. Überall herrscht Hunger, und viele Bangladeschis sind Analphabeten.

Ein kalmückischer Hirte vor seiner Jurte (Filzzelt), frühes 20. Jahrhundert. Obwohl der Ursprung dieses Volkes westlich des Kaspischen Meeres liegt, zählen die Kalmücken zu den Mongolen. In den 40er Jahren wurden sie großenteils nach Sibirien deportiert.

Eine Prognose über die Zukunft Bangladeschs zu geben ist schwer. Mehr Bildung für die Frauen wäre vonnöten, damit sich ihr Los bessert. Die Bevölkerung wächst in rasendem Tempo, und das Land bräuchte Programme zur Familienplanung. Selbst jemand wie ich, der Bangladesch wirklich ins Herz geschlossen hat, sieht die Zukunft des Landes eher düster.

Blühende Industriestaaten

In Thailand hingegen herrscht beträchtlicher Wohlstand. Es ist ein Land der weiten Reisfelder und schnellen Fahrzeuge. Dort gibt es prachtvolle Tempel, wunderschöne Seidenstoffe, von Kanälen durchzogene Ebenen und ein trockenes Hochland. Die Wirtschaft des Landes blüht, die Industrialisierung wird weiter vorangetrieben, und für die Bedürfnisse der Touristen ist in zahlreichen Ferienorten gut gesorgt.

Doch besonders freundlich ist mir Thailand noch nie vorgekommen. Es ist ein buddhistisches und, so würde man erwarten, friedfertiges Land, doch in Wirklichkeit herrscht eine merkwürdige Mischung aus Anmut und Gewalt. Eine erschreckend hohe Zahl von Menschen kommt durch Messerstiche oder Pistolenkugeln um. Die Polizei ist bestechlich, es werden Drogen angebaut, es gibt Kinderprostitution, obwohl es hier und da erste Anzeichen gibt, daß die Regierung sich wirklich bemüht, diese Dinge in den Griff zu bekommen.

Thailand ist ein Beispiel dafür, mit welcher Schnelligkeit sich die Verhältnisse in Asien ändern, und das gleiche gilt für Singapur. Es ist noch gar nicht so lange her, daß in dieser geschäftigen und einfachen kleinen Stadt jeder Reisende sicher sein konnte, daß er seine sämtlichen Freunde an der bekannten Bar des Raffles-Hotels treffen würde.

Wie hat sich das alles in den letzten dreißig oder vierzig Jahren verändert! Auch heute noch ist Singapur eine der geschäftigsten Hafenstädte der Welt, doch sonst ist nichts mehr, wie es war. Heute ist alles blitzsauber; eindrucksvolle Hochhäuser bedecken fast die ganze Insel; die Hotels sind erstklassig, ebenso wie die Einkaufsmöglichkeiten und die Autobahnen. Der Flughafen ist wahrscheinlich der schönste der Welt, und Singapore Airlines wird so schnell niemand überbieten.

Singapur ist ein idealer Ort für jeden, der durchreist. Mit dem erstklassigen Flughafen, den Hotels und Taxis und den wohlgefüllten Läden wird wahrscheinlich jeder ein paar Tage dort genießen. Alles hört sich perfekt an, und in vielerlei Hinsicht ist es das wahrscheinlich auch.

Allerdings gibt es auch manches, was vielleicht nicht jeder von uns genießen wird. Zunächst einmal gibt es, von einem erstklassigen Zoo und ein paar ähnlichen Attraktionen dieser Art einmal abgesehen, nichts wirklich Aufregendes. (Natürlich werden einige sagen, es gebe genug zu sehen, man müsse sich nicht immer nur in Abenteuer stürzen.) Doch wenn Sie weite, offene Landschaften lieben, werden Sie in Singapur leicht klaustrophobisch.

Außerdem ist es ein rigider Staat, in dem es nicht gern gesehen wird, wenn man die Regierung oder deren Gesetze kritisiert. Es gab Zeiten, da wurde jedem jungen Mann mit langen Haaren die Einreise nach Singapur verweigert.

Nördlich schließt sich Malaysia an. Eine Zeitlang waren die beiden ein gemeinschaftlicher Staat, wobei Malaysia für die Leute aus Singapur der schwerfällige Vetter vom Lande war. In Malaysia leben hauptsächlich Muslime, und die Beziehung zur chinesischen Minderheit ist seit jeher spannungsreich. Da in Singapur die Chinesen dominieren, scheiterte die Verbindung zwischen beiden Staaten bald, und sie wurden jeder für sich in die Unabhängigkeit entlassen.

Der Llakpa-La-Paß in Tibet, aufgenommen von dem Forscher und Naturkundler Charles Howard-Bury 1921.
Das Bild entstand bei einem fehlgeschlagenen Versuch, den Mount Everest zu bezwingen.

HOCH HINAUS

Als ich das erste Mal durch Malaysia fuhr, drehte sich alles um Palmöl und Kautschukplantagen. Damals war Kuala Lumpur eine hübsche, aber wenig eindrucksvolle Stadt. Doch genau wie in Singapur sind Wachstum und Wandel einfach unglaublich.

Letztes Jahr war ich wieder einmal in Kuala Lumpur, und wie hat sich die Stadt verändert! Es gibt gewaltige und sehr schöne Wolkenkratzer, und die Straßen sind voller Autos. Wir hatten einen Termin in einem Fernsehstudio auf der anderen Seite der Stadt, nur ein paar Meilen, doch nachdem wir zwei Stunden lang im Verkehrsstau gestanden hatten, mußten wir zum Mobiltelefon greifen und den Termin absagen.

Ich war nach Malaysia gekommen, weil dort eine Mount-Everest-Expedition vorbereitet wurde. Ich lernte die malaiische Mannschaft kennen, und sie kam mir sehr fit und enthusiastisch vor, auch wenn ich nicht weiß, wieviel Bergsteigererfahrung sie hatte. Der Premierminister war ganz versessen darauf, daß junge Malaien den Mount Everest bestiegen, den Nord- und Südpol erreichten und die Welt umsegelten, und wenn es mit Geld zu erreichen ist, dann werden sie all das gewiß noch tun.

Ähnlich wie Malaysia erlebt auch Indonesien eine gewaltige Wirtschaftsblüte – dort ist der antreibende Faktor das Öl. Die riesige Bevölkerung verteilt sich über Tausende von Inseln. Die Mehrzahl der Bevölkerung sind Muslime, doch gibt es auch viele Hindus, Buddhisten und Christen. Heute herrscht weitgehend religiöse Toleranz.

Indonesien liegt nahe beim Äquator, das Klima ist warm und feucht, das Land fruchtbar. Die Inseln sind größtenteils vulkanisch, und wer mag, kann in die Krater von tätigen Vulkanen hinunterklettern. Für jemanden, der eher in Ruhe das tropische Klima genießen möchte, ist die Insel Bali zu empfehlen, und die uralte buddhistische Tempelanlage von Borobudur ist ein großartiges Erlebnis.

Mein erster Eindruck von Bali war geprägt von der üppigen Pracht des Landes, doch dieser Eindruck trog. Es herrschte ein Klima der politischen Unsicherheit, ja der Gewalt. Später sah ich, wie unerbittlich Präsident Suharto mit seiner großen Armee das Land beherrschte. Bei meiner Reise durch das Land fiel mir auf, daß überall die höheren Offiziere eigene Aufenthaltsräume hatten und stets die Flugzeuge lange vor uns anderen bestiegen – den unwichtigen Ausländern und den einfachen Einheimischen.

Seit vielen Jahren gehört Hongkong zu den dynamischsten Wirtschaftszentren der Region. Das spürt man schon, bevor man überhaupt einen Fuß auf den Boden gesetzt hat. Vor Jahren landete ich einmal in einer Maschine der Air India in Hongkong, und der Kapitän war so freundlich und lud mich zum Landeanflug in das Cockpit ein. Es war ein unvergeßlicher Anblick, wie wir auf die Stadt zuschwebten, bis unsere Tragflächen beinahe die Dächer der zahllosen Hochhäuser streiften. Vor uns kam eine Landebahn in Sicht, die hinaus in die Bucht führte – sie schien mir viel zu kurz für ein so großes Flugzeug. Doch wir stießen weiter hinab, setzten sanft wie ein Vogel auf der Rollbahn auf und kamen ohne weiteres zum Stehen.

Ich hatte schon immer den Eindruck, daß sich in Hongkong alles ums Geldverdienen dreht. Aber man versteht dort auch, es auszugeben! Großartige Bauwerke, Straßentunnel unter dem Meer und seit kurzem der modernste Flughafen der Welt.

Wie sich die politischen Verhältnisse unter den neuen chinesischen Herren entwickeln werden, weiß natürlich niemand genau. Daß manche sich Sorgen machen, ist offensichtlich. Selbst in Neuseeland haben sich reiche Chinesen teure Häuser gekauft, haben ihre Kinder auf die dortigen Schulen geschickt und sind allein nach Hongkong zurückgekehrt, um dort Geld zu verdienen, solange es eben geht.

Das American Museum of Natural History unternahm in den 1920er Jahren eine Expedition zur Erforschung der Wüste Gobi (Mongolei) – die erste, bei der die Wüste mit Automobilen durchquert wurde.
Das Bild zeigt die Wagen beim Aufbruch.

Die volkreichste Nation der Erde

Hongkong ist bisher der Hauptumschlagplatz für chinesische Waren gewesen, und das wird wahrscheinlich auch so bleiben. Doch auch das chinesische Festland, das volkreichste Land unseres Planeten, entwickelt sich zu einer bedeutenden Wirtschaftsmacht. Es mag vieles am politischen System der Chinesen geben, was uns nicht gefällt, aber wir können nicht deswegen fast ein Viertel der Weltbevölkerung ignorieren. Im Laufe der Zeit wird es auch dort Veränderungen geben, und daß diese Veränderungen notwendig sind, ist keine Frage.

Augenfällig wird die Notwendigkeit solcher Veränderungen in der autonomen Region Tibet. Viele Tibeter sind umgekommen, und von Unabhängigkeit kann kaum die Rede sein. Es gibt in Tibet inzwischen mehr chinesische Immigranten als Einheimische, und ich habe gesehen, mit welcher Bitterkeit man in den entlegenen Dörfern den Chinesen begegnet.

Doch noch rollt die chinesische Staatsmaschine ungehindert, kümmert sich nicht darum, was Ausländer denken, und entwickelt doch in rasendem Tempo eine Wirtschaft genau nach dem Vorbild dieser Ausländer. Im Aufbau von Industrie und Kommunikationswesen hat es große Sprünge vorwärts gegeben – auch in China werden nun Wolkenkratzer gebaut. Daß der Einfluß Chinas in der internationalen Wirtschaft und Politik dramatisch zunehmen wird, ist keine Frage.

Zum Schluß kommen wir nach Japan – einem der reichsten Länder der Erde. Japaner sind fleißig, willensstark und hochtalentiert. Für Ausländer ist es oft nicht leicht, ihre Kultur wirklich zu verstehen, in der es so strenge Gebräuche und Prinzipien gibt.

Vor Jahren sagte mir ein altgedienter japanischer Diplomat: »In unserer Kultur haben wir einem ärmeren Land immer nur dann Finanzhilfen gewährt, wenn von dieser Investition ein anständiger Nutzen für uns zu erwarten war. Wir müssen lernen, auch einmal etwas zu geben und nichts im Gegenzug zu erwarten.«

Warten wir es ab, ob das reiche Japan in Zukunft anfangen wird, auch einmal etwas zu geben, ohne dabei stets an den eigenen Vorteil zu denken.

Ein tibetischer Musikant, fotografiert von B. Simpson in den 1860er Jahren bei einem britischen Militäreinsatz in Bhutan unter der Leitung von Sir Ashley Eden *(gegenüber)*. Das kleine, unabhängige Königreich Bhutan grenzt an Tibet, und ein Teil der Bevölkerung ist, ethnisch gesehen, tibetisch.

Vier Einheimische aus Assam, im äußersten Norden Indiens, aufgenommen vor ihrer dürftigen Bambushütte, die kaum Schutz vor der Kälte bietet *(oben)*. Das Bild entstand 1863, als unter Ashley Eden eine britische Militärexpedition in das winzige Himalaja-Königreich Bhutan eindrang. Bhutan mußte zwar 1865 Teile seines Territoriums an Assam abtreten, doch vor der Okkupation durch das heutige Indien ist das Königreich durch seinen Sitz in den Vereinten Nationen geschützt. Die Einwohner sind tibetische Buddhisten und werden als Bhotia bezeichnet.

Eine weitere Aufnahme, die bei der Ashley-Eden-Expedition in den Himalaja entstand, zeigt ein Paar vor seiner Hütte *(gegenüber)*. Edens Kommentar zu den Einheimischen war: »Nichts, was ein Bhotia besitzt, kann er wirklich sein eigen nennen. Wirft ein Mächtigerer ein Auge darauf, so wird er es verlieren. Die niederen Schichten sind kaum mehr als die Sklaven der höheren Beamten.«

Ein Treffen zwischen dem britischen Regierungsbeauftragten Sir Robert Sandeman und dem Khan von Khelat, 1867. Der Khan sitzt in der Mitte des Bildes, flankiert von seinem Gefolge und Vertretern der britischen Gesandtschaft. Das Herrschaftsgebiet des Khans lag in Belutschistan (im Südwesten des heutigen Pakistan). Sandeman gelang es, die Stammesfürsten zur Aufgabe ihres Widerstandes gegen den Khan zu bringen, der zum Dank dafür das Land um den strategisch wichtigen Bolan-Paß hinüber nach Afghanistan an Britisch-Indien verpachtete. Fotos von Captain Taylor.

Eine weitere Aufnahme aus den 1860er Jahren zeigt Durbar (Audienzhalle) und Tempelanlagen in Katmandu, Nepal. Porträtiert sind der nepalesische Militärkommandeur, General Shamshere, und seine Gefolgschaft. Das gebirgige Königreich Nepal liegt auf den Höhen des Himalaja, zwischen Indien und Tibet. Die Tempel im Hintergrund verraten, daß die Bewohner größtenteils Hindus sind. Auch während der britischen Herrschaft im benachbarten Indien blieb Nepal ein unabhängiger Staat.

Diese beiden Räuber wurden in den 1880er Jahren von Dorfbewohnern in Birma, dem heutigen Myanmar, gekreuzigt *(oben)*. Diese Art der Hinrichtung war im 19. Jahrhundert weit verbreitet, besonders nördlich der damaligen Hauptstadt Mandalay. Manchmal wurden die Opfer getötet, bevor man sie auf den Rahmen band, manchmal wurden sie auch nur verwundet und hingen, bis sie starben.

Gholam Mortiza Khan, der Anführer des Bugti-Clans von der indischen Nordwestgrenze, mit seinen Söhnen *(gegenüber)*, aufgenommen von F. Bremner aus Karatschi, wahrscheinlich in den 1860/70er Jahren. Wie andere Clans dieser Gegend waren die Bugti gefürchtete Krieger, und ein britischer General bezeichnete sie einmal als »Räuberbande« – die Bugti selbst dürften sich anders gesehen haben.

Benares – das heutige Varanasi – in den 1890er Jahren. Diese Aufnahme der Hindu-Pilgerstätte am Ufer des Ganges stammt von John Thomson. Das schwelende Holzfeuer im Vordergrund erinnert uns daran, daß die Hindus traditionellerweise ihre Toten verbrannten, und das immer noch tun. Selbst wenn die Einäscherung anderswo stattfindet, nehmen die Angehörigen oft weite Reisen auf sich, um die Asche der Toten im Ganges, dem heiligen Fluß, zu verstreuen.

Die riesigen Luftwurzeln dieser Bäume, die in den 1880er Jahren in Ceylon (heute Sri Lanka) aufgenommen wurden, zeigen, daß es sich hierbei um eine Ficus-Spezies handelt. Im gesamten Landesinneren jedoch sollte bald der Kautschukbaum vorherrschen. Zu dieser Zeit war die Gewinnung von Gummi im Plantagenbetrieb noch relativ neu. Seit den 1840er Jahren wurde vorwiegend Kaffee in großem Stil angebaut, doch nach Mißernten in den 1870er Jahren beschlossen die Plantagenbesitzer, durch Kautschukgewinnung und Teeanbau das Risiko breiter zu streuen. Diese drei Produkte bilden bis heute das Rückgrat der Wirtschaft von Sri Lanka.

Die riesigen Luftwurzeln dieser Bäume, die in den 1880er Jahren in Ceylon (heute Sri Lanka) aufgenommen wurden, zeigen, daß es sich hierbei um eine Ficus-Spezies handelt. Im gesamten Landesinneren jedoch sollte bald der Kautschukbaum vorherrschen. Zu dieser Zeit war die Gewinnung von Gummi im Plantagenbetrieb noch relativ neu. Seit den 1840er Jahren wurde vorwiegend Kaffee in großem Stil angebaut, doch nach Mißernten in den 1870er Jahren beschlossen die Plantagenbesitzer, durch Kautschukgewinnung und Teeanbau das Risiko breiter zu streuen. Diese drei Produkte bilden bis heute das Rückgrat der Wirtschaft von Sri Lanka.

Die riesigen Luftwurzeln dieser Bäume, die in den 1880er Jahren in Ceylon (heute Sri Lanka) aufgenommen wurden, zeigen, daß es sich hierbei um eine Ficus-Spezies handelt. Im gesamten Landesinneren jedoch sollte bald der Kautschukbaum vorherrschen. Zu dieser Zeit war die Gewinnung von Gummi im Plantagenbetrieb noch relativ neu. Seit den 1840er Jahren wurde vorwiegend Kaffee in großem Stil angebaut, doch nach Mißernten in den 1870er Jahren beschlossen die Plantagenbesitzer, durch Kautschukgewinnung und Teeanbau das Risiko breiter zu streuen. Diese drei Produkte bilden bis heute das Rückgrat der Wirtschaft von Sri Lanka.

Die Steinhäuser von Dunkar klammern sich an den Fels des Spiti-Tales in Nordindien. Das Tal liegt auf einer Höhe von 2750 m im Himalaja. Die Aufnahme von Francis Frith aus den 1870er Jahren zeigt die Unwirtlichkeit von Land und Klima in dieser Region: Im Tal unterhalb des Dorfes ist ein Gletscher zu erkennen. Auch heute noch ist das Spiti-Tal einer der abgelegensten und unzugänglichsten Orte der Erde.

Eine Frau aus Sikkim trägt Brennholz, aufgenommen von Messrs. Johnston and Hoffman aus Darjeeling in den 1890er Jahren *(gegenüber)*. Das Bild ist zwar offensichtlich gestellt, aber die Last gibt trotzdem eine Vorstellung davon, wie schwer das Los dieser Frau war. Sikkim ist eine im Himalaja gelegene Region Nordindiens, die an Nepal, Bhutan und Tibet angrenzt. Die Bewohner Sikkims waren bhutanesische Buddhisten, doch zu der Zeit, als dieses Foto entstand, waren schon viele Hindus aus Nepal zugewandert.

Europäische Kinder und ihre Dienerin in Fukien (heute Fujian), China, Mitte der 1890er Jahre *(oben)*. Die Aufnahme stammt von Isabella Bishop, die in dieser Region weite Reisen unternahm. Die Kinder machen einen kräftigen und gesunden Eindruck, doch Frau Bishop hielt nicht viel davon, europäische Kinder nach Asien zu bringen. In Französisch-Kotschinchina (heute ein Teil Vietnams) seien Krankheiten so häufig, daß die Kinder kaum Überlebenschancen hätten.

Das Dorf Tindi in Dagestan in den späten 1890er Jahren *(gegenüber)*. Die Bevölkerung dieser Region im südlichen Kaukasus ist bunt gemischt, und viele sind Muslime (links im Bild ist eine Moschee zu sehen). Die Aufnahme stammt von M. de Déchy, der die Gegend bereiste und mit einer großen Sammlung von Pflanzen, Fossilien und Fotografien zurückkehrte.

Ein Ochsenkarren, fotografiert von John Thomson in den 1890er Jahren in Indien *(oben)*. Die Räder des Karrens und die Ochsenhörner sind mit dekorativen Mustern bemalt – ein Brauch, der sich bis heute erhalten hat. Die Ochsen mit ihren langen Hörnern sind Zebus (Buckelrinder), wie man sie nach wie vor überall in Afrika und Asien findet. In Indien gelten sie als heilig.

Eine Gruppe von Ainu aus Japan, 1892 von Professor J. Milne fotografiert. Hinter ihnen ist eine Reihe von Gebetsstöcken in die Erde gesteckt, kunstvoll geschnitzte Weidenzweige, die als Inaos bezeichnet wurden. Eine solche Palisade gehörte zu jedem Haus eines Dorfes und stand jeweils auf der Ostseite, darauf steckten die Schädel erlegter Tiere. In Statur und Lebensweise sind die Ainu, die seit Jahrtausenden in Nordjapan und auf den umliegenden Inseln leben, vollkommen anders als die übrigen Japaner.

Fünf lamaistische Laien in Prunkgewändern, aufgenommen in Sikkim von Messrs. Johnston and Hoffman aus Darjeeling, 1890er Jahre. Lamas sind buddhistische Mönche und Lehrer der tibetischen Tradition, und sie nehmen in dieser Religion eine so zentrale Stellung ein, daß man auch von »Lamaismus« spricht. Sikkim war zur Entstehungszeit dieses Bildes größtenteils von bhutanesischen Buddhisten bevölkert, doch heute sind ein beträchtlicher Teil der Einwohner Hindus aus Indien und Nepal.

Lastenträger mit Tee, Szetschuan, China, aufgenommen von E. H. Wilson, 1908 *(gegenüber)*. Der zu Ziegeln gepreßte Tee war für das benachbarte Tibet bestimmt. Nach Wilsons Bericht konnte eine solche Last 143 kg wiegen, und ein Träger trug sie bis zu neun Kilometern pro Tag »auf schlimmen Straßen«.

Geschäftiges Treiben in der Queen's Road, Hongkong *(oben links)*. Die Queen's Road ist eine der ältesten Straßen der Stadt, und von Anfang an war die hier gezeigte Innenstadt den chinesischen Händlern vorbehalten. Die Aufnahme stammt von R. C. Hurley, 1897.

Ein zweites Bild von Hongkong, ebenfalls von Hurley zur selben Zeit aufgenommen, zeigt die Rennbahn von Happy Valley *(oben rechts)*. Pferderennen waren ein beliebter Sport in Hongkong. Zu der Zeit, als diese Aufnahme entstand, nahm man dazu zähe, kleine Mongolenpferde, die damals »chinesische Ponies« hießen. Heute sind es konventionelle Rennpferde.

Tibetische Buddhisten in traditionellen Tanzmasken posieren Anfang der 1880er Jahre vor der Kamera. Die Aufnahme stammt von Sarat Chandra Das, einem Vertreter des Erziehungsministeriums der indischen Kolonialregierung, der die damals noch gefährliche und selten gewagte Reise nach Lhasa, der Hauptstadt Tibets, im Rahmen seiner Erforschung der tibetischen Sprache unternahm. 1902 veröffentlichte er auf englisch einen Bericht über seine Reise.

Diese Nonnen fotografierte John Claude White Anfang des Jahrhunderts in einem tibetischen Kloster. Tibeter sind von altersher sehr religiös, und bevor in den 50er Jahren die Chinesen das Land unter ihre Herrschaft brachten und der Dalai Lama ins Exil ging, waren etwa 20 Prozent der jungen Männer Mönche. Nonnen, die *Ani's*, gab es stets weniger, und sie standen unter der Aufsicht der Mönche.

Die Chinesische Mauer, aufgenommen 1907. Im Laufe der Jahrhunderte hatte es immer wieder Versuche gegeben, die Grenze Chinas zu befestigen, doch das Bauwerk, das wir hier sehen, entstand in der Zeit der Ming-Dynastie (1368–1644). Heute ist die Mauer in besserem Zustand als zu der Zeit, als Herbert Ponting diese Aufnahme machte.

Herbert Ponting beschreibt seine Aufnahme aus dem Jahr 1907 als »Ein Fakir in Benares« (heute Varanasi), Indien. Ein Fakir ist im engeren Wortsinn ein gläubiger muslimischer Bettler, doch der fromme Mann, den wir hier sehen, ist ein Hindu. Er ist ein Jogi – jemand, der Joga praktiziert –, und mit seiner Willenskraft beherrscht er seinen Körper so sehr, daß er den Schmerz des Nagelbrettes ertragen kann.

Dschaipur im Jahre 1900, Fotografie von John Thomson. Dschaipur ist die Hauptstadt des indischen Staates Radschasthan und ist berühmt für seine großartigen Bauwerke aus hellrotem Sandstein. Eine Hauptattraktion, der Stadtpalast, beherrscht das Bild. Das große Gebäude davor ist der 1799 erbaute »Palast der Winde«. Von vorn betrachtet, bietet er einen spektakulären Anblick, doch in Wirklichkeit ist er nicht viel mehr als eine Fassade.

Ein Falkner des Wang von Hami aus der nordwestchinesischen Region Sinkiang (heute: Xinjiang) mit Steinadler *(gegenüber)*. Dieses Bild nahm Douglas Carruthers bei einer Expedition nach Zentralasien 1910/11 auf. Der Wang war der traditionelle islamische Herrscher in diesem Teil Chinas.

Eine Frau der Khalkh aus der nördlichen Wüste Gobi, Mongolei, zeigt ihren kunstvollen traditionellen Haarschmuck *(oben)*. Geschmeide und Haarschmuck sind aus Silber und Türkisen. Die Khalkh sind die größte ethnische Gruppe in der Mongolei, und wie viele Bewohner dieser Region sind sie Nomaden und leben in Filzzelten, den Jurten. Auch dieses Bild stammt von Douglas Carruthers, 1910/11.

Ein Grüppchen vornehmer viktorianischer Reisender blickt hinaus in die friedliche Landschaft vor der Terrasse einer Pilgerherberge unterhalb der Shwe-Dagon-Pagode bei Rangun in Birma (dem heutigen Myanmar). Die Pagode ist eine der meistverehrten Birmas, vielleicht sogar ganz Südostasiens, und ist umgeben von zahlreichen kleineren Pagoden und Häusern, in denen die Pilger ausruhen können. V. C. Scott O'Connor nahm das Bild im Jahre 1900 auf.

節孝
286

Ein Torbogen mit Drachenschnitzereien *(gegenüber)*. Dieses großartige Gebäude, das im Gedenken an eine tugendhafte Witwe errichtet wurde, nahm der britische Naturkundler E. H. Wilson 1908 in der Provinz Szetschuan im westlichen China auf. Wilson vermerkte dazu, daß sich solche Denkmäler »im Westen des Landes häufig an den Wegesrändern« fänden. An solchen Dingen läßt sich sehen, daß Szetschuan ein reiches und fruchtbares Land ist.

Der Potala, der ehemalige Palast des Dalai Lama, in Lhasa, Tibet *(oben)*. In diesem spektakulären Bauwerk mit seinem goldenen Dach und den über 1000 Zimmern residierte der Dalai Lama mit einer Gemeinschaft von Mönchen, doch heute dient es als Museum. C. G. Rawlings nahm das Bild 1904 auf, in dem Jahr, in dem eine britische Gesandtschaft in Lhasa eintraf und eine Vereinbarung unterzeichnete, die den Engländern erlaubte, Handelsposten in Tibet einzurichten.

Diese von den in Assam lebenden Arbor erbaute Hängebrücke aus Pflanzenmaterial spannt sich über den Fluß Dihang *(oben)*. Das Bild entstand auf einer von A. Bentinck geleiteten Expedition im Jahre 1911 und sollte die Brücke als besonders schönes Exemplar dieses traditionellen Bautyps festhalten. Sie bestand aus einem Netz von miteinander verflochtenen Strängen, die mit Schilf und Schlingpflanzen an Uferpfosten gebunden war. Sie war 240 m lang und hing 15 m über dem Wasser.

Ein birmanischer Schiffer sitzt in dieser 1910 entstandenen Aufnahme von V. C. Scott O'Connor im Heck seines Kahns *(gegenüber)*. So schön sie bemalt waren, waren diese Boote doch Lastkähne und transportierten vor allem Öl. Die meisten hatten ihren Heimathafen in Yenangyaung am Irawadi. Das Wasser war so flach, daß der Schiffer sein Boot hauptsächlich durch Staken voranbewegte.

Baktrische Kamele, aufgenommen 1910/11 in Xinjiang von Douglas Carruthers *(gegenüber)*. Diese zweihöckrigen Kamele der Wüste Gobi (in der einige immer noch wild leben) und anderer Wüstenregionen Zentralasiens sind enge Verwandte der arabischen Dromedare und können wie diese lange Zeit ohne Nahrung und Wasser auskommen. Sie haben ein dichteres Fell als Dromedare und sind deshalb besser gegen die extremen Temperaturschwankungen gefeit.

Eine Rentierhirtin des Oberen Jenesi-Beckens in der Mongolei *(oben)*. Die Bewohner dieser dicht bewaldeten Region sind auf Rentiere als Reit- und Lasttiere angewiesen, und auch ihre Kleidung besteht aus Rentierleder. Douglas Carruthers, der diese Frau auf seiner Expedition 1910/11 fotografierte, merkte an, daß den Tieren oft das Geweih gestutzt würde, damit sie nicht zwischen den Bäumen hängenblieben.

Das mongolische Tsagan-Nur-Tal, aufgenommen 1925 auf der Mongolei-Expedition des American Museum of Natural History. Ein vom Wind erodierter Steilhang (etwa 25 km entfernt) beherrscht den Mittelgrund, und dahinter erstrecken sich wandernde Sanddünen bis zu einem fernen See. Die Expedition sollte Belege für die Theorie erbringen, daß der Ursprung der Säugetiere in diesem Teil der Welt liege, doch statt dessen entdeckte sie versteinerte Dinosaurier in großer Zahl.

Der Untere Remo-Gletscher, Kaschmir, aufgenommen von Dr. Filippo de Filippa um 1915. Diese bemerkenswerte Landschaft aus Türmen und Eisnadeln zeigt, wie dramatisch ein Gletscher sein kann. Zusammengepreßter Schnee und Eis formieren sich zu einem Strom aus Eis – am unteren Ende des Gletschers schmilzt das Eis, und es entsteht ein klarer Bergbach oder See.

Eine tibetische Familie im Festtagsstaat, aufgenommen von Alexander Wollaston im Jahre 1921 *(oben)*.

Eine Aufnahme von J. B. Noel, 1922 entstanden, zeigt eine tibetische Tänzerin *(gegenüber)*. Noel dokumentierte Kostüme und Bräuche nicht nur in solchen Fotografien, sondern war auch ein Pionier der Filmdokumentation und hielt eine Reihe von Tänzen und anderen Zeremonien mit dem »Kinematographen« fest.

Der tibetische Fluß Tsangpo in einer spektakulären Schlucht *(gegenüber)*. Das Bild nahm der britische Botaniker Frank Kingdon-Ward 1924 auf. Ward bereiste das Tal des Tsangpo (heute Yarlung Zangpo genannt) auf der Suche nach den Quellen des Flusses. Er fand ein reichhaltiges Pflanzenleben und sandte 250 Muster zurück nach England. An der Grenze von Tibet nach Indien wird der Yarlung Zangpo zum Brahmaputra.

Baktrische Kamele in den Dünen von Tsagan Nur, Mongolei, 1925 *(oben)*. Sie gehörten zur Expedition des American Museum of Natural History, dessen Automobile auf Seite 24 zu sehen sind. Die 125 Kamele wurden mit Proviant und Ausrüstung, darunter Benzin, vorausgeschickt. Der Dünengürtel, der hier zu sehen ist, ist über 160 km lang, allerdings nur etwa 5 km breit.

Prügelknaben ruhen sich mit ihren Peitschen in der Sonne aus; undatierte Fotografie von Douglas Carruthers *(oben)*. Die Jungen gehörten zum Gefolge eines chinesischen Herrschers. Carruthers knüpfte bei seinen Reisen im ostchinesischen Xinjiang Kontakte mit dem angestammten Herrscher an, dem Wang von Hami, der wiederum dem Kaiser von China untertan war.

Ein Junge im östlichen Himalaja mit einem kleinen Kind auf dem Rükken. Wie es auch heute noch in den ärmeren Ländern üblich ist, muß er für seine jüngeren Geschwister sorgen. Das Bild *(gegenüber)* ist eine Aufnahme von Frank Kingdon-Ward, der auf den Spuren seiner eigenen Erforschung des Tsangpo diese Region 1935 noch einmal bereiste.

Ein Mädchen der Maru in Fellstiefeln und traditionellem Schmuck posiert für die Kamera in einem Bergbach *(gegenüber)*. Die Aufnahme von Frank Kingdon-Ward entstand bei einer Reise in das Grenzland zwischen Assam und Birma (heute Myanmar) Ende der 1930er Jahre.

Diese Frau der Naga aus Birma (Myanmar) fotografierte Frank Kingdon-Ward Ende der 1930er Jahre *(oben links)*. Die Naga, ein mongolischer Volksstamm, leben hauptsächlich im indischen Assam, doch etliche auch auf der anderen Seite der Grenze in Birma. Bis zum Zweiten Weltkrieg (dieses Bild entstand kurz vor Kriegsausbruch) nahm die Welt kaum Notiz von den Naga und dem Land, in dem sie lebten.

Ein junger Mönch, aufgenommen von Frank Kingdon-Ward in Tibet, 1933 *(oben rechts)*. In der einen Hand hält er eine Gebetsmühle, in der anderen einen Rosenkranz. Im tibetischen Buddhismus darf ein Junge mit elf Jahren in ein Kloster eintreten; er legt eine Reihe von Gelübden ab, und es folgen viele Jahre des Lernens und der Meditation.

Das Basislager für einen Vorstoß zum Mount Everest, aufgenommen 1922 von J. B. Noel. Noel hatte schon im Vorjahr eine Everest-Expedition mit der Filmkamera begleitet und Kritik an früheren Versuchen geäußert; die Erfolgsaussichten seien besser mit größerer Mannschaft und einer besseren Basis.

Ein Tal bei Dzag, einem Dorf in der Mongolei in einer Aufnahme von Paul Harris *(gegenüber)*. In dem Tal, das am Osthang des Changaigebirges liegt, weiden im Sommer Jaks, Pferde und Schafe. Auch Herden, die von höher in den Bergen gelegenen Weiden heruntergetrieben werden, sammeln sich hier.

Das Gebiet des »Brunei Rainforest Project« *(oben links)*, ebenfalls ein Foto von Paul Harris. 1991/92 führten die Royal Geographical Society und die Universität von Brunei-Darussalam gemeinsam ein Forschungsprojekt im Regenwald des Temburang-Distrikts in Brunei durch. Europäische und asiatische Wissenschaftler arbeiteten mit den Einheimischen zusammen und studierten Ökologie, Hydrologie und das Leben der Insekten, Reptilien und Säugetiere.

In der Aufnahme von Maurice Joseph *(oben rechts)* treibt ein Fischerboot mit gehißtem Segel über die stille Wasserfläche einer Lagune im südwest-indischen Staat Kerala. Die Fischerei ist einer der Haupterwerbszweige in diesem malerischen, doch armen und überbevölkerten Landstrich der Malabarküste.

Der Sherpa Tenzing Norgay, aufgenommen am 29. Mai 1953, 11 Uhr 30, von Edmund Hillary, in dem Augenblick, in dem die beiden als erste Menschen den Gipfel des Mount Everest erreichten *(gegenüber)*. Die britische Expedition stand unter der Leitung von Sir John Hunt. In der gewaltigen Höhe – 8848 m über dem Meeresspiegel – ist die Luft sehr dünn, und Hillary und Tenzing hatten Sauerstofflaschen dabei. Tenzings Atemmaske ist deutlich zu sehen.

Nach der Bezwingung des Mount Everest wärmen sich Hillary und Tenzing im Lager West Cwm mit einer Tasse Tee, Mai 1953 *(oben)*. Das Bild von George Bard zeigt die beiden mit ihren wattierten Stiefeln und weiterer Ausrüstung, die speziell für die Expedition angefertigt wurde.

Ein Mann und sein Esel überqueren auf einer halsbrecherischen Brücke einen reißenden Bergbach im Chitrāl-Tal, Pakistan, aufgenommen von Steve Razzetti. Dieser Teil Pakistans, eingebettet zwischen Hindukusch und Hinduradsch, ist fast ganz von der Außenwelt abgeschnitten, und viele Orte sind, wie dieses Bild deutlich genug zeigt, nur zu Fuß zu erreichen.

Der Khumbi Himal im Sagarmartha-Nationalpark, Nepal, aufgenommen von Paul Harris vom 5500 Meter hohen Gokyo Ri aus. In der Mitte des Bildes liegt der Gokiosee, dahinter erstreckt sich der gewaltige, felsübersäte Ngozumba-Gletscher. Der Mount Everest ist auf dem Bild nicht zu sehen, obwohl man von dieser Stelle aus zu ihm und zu drei weiteren Achttausendern hinüberblicken kann. In dieser Gegend leben die nepalesischen Sherpas.

In dieser Aufnahme von Ian Cumming wehen die tibetischen Gebetsfahnen am Kloster Leh Gompah in den Ladakh-Bergen des indischen Bundesstaats Jammu and Kashmir. Die meisten Bewohner dieses nördlichsten Teils des Staates sind tibetische Buddhisten. Solche Gebetsfahnen, auf denen oft Mantras stehen (bestimmte Worte oder Lautfolgen, die der Meditation dienen), kann man überall an den Klöstern und Schreinen der Gegend sehen.

Ein Dorf hoch in den Zanskar-Bergen von Jammu and Kashmir blickt hinunter auf das weite, grüne Tal. Der Talboden, am Ende der letzten Eiszeit von den zurückweichenden Gletschern geformt, liegt voller Geröll und ist von Bergbächen durchzogen. Ian Cummings Aufnahme entstand im Spätsommer.

Ein Jäger mit seinem Adler, von Paul Harris 1990 in der mongolischen Provinz Bayan Olgei aufgenommen. Dieser Teil der Mongolei grenzt an Kasachstan, und viele Einwohner, wie dieser Jäger, sind Kasachen. Adler zur Jagd abzurichten hat in Zentralasien lange Tradition. Die Adler werden gefangen und im Sommer ausgebildet. Im Winter jagen sie kleine Säugetiere, zum Beispiel Murmeltiere. Ein ausgewachsener Adler kann eine Flügelspannweite von bis zu zweieinhalb Metern haben, und es kommt vor, daß Adler sogar einen Schneeleoparden angreifen.

Eine Jurte (oder *ger*, wie die Einheimischen sagen) entsteht – fotografiert von Paul Harris in der Mongolei *(gegenüber)*. Das Lattengerüst hat einen Durchmesser von etwa drei Metern und wird dann mit Filz- und Leinwandbahnen bespannt. Eine ganze Jurte kann in ein bis zwei Stunden aufgestellt sein. Solche Zelte sind die Hauptbehausung für die Bewohner der ländlichen Mongolei, und man findet sie sogar als improvisierte Vorstädte außerhalb der großen Städte. Früher hätten Kamele die Bauteile getragen, heute ist es oft ein kleiner Lastwagen.

Die Fischer – aufgenommen von Chris Caldicott an der Südwestküste Sri Lankas – warten geduldig auf ihren Stelzen, bis die Flut einläuft *(oben)*. Die Stelzen sind bei dieser uralten Methode fest im Boden verankert. Die Fischer steigen hinauf, werfen ihre Angelschnüre aus, und die einlaufende Flut treibt ihnen die Fische zu. Der Fischer im Vordergrund ist ein alter Mann, der mit dieser Methode groß geworden ist – einer Tradition, die nun allmählich verschwindet.

Mongolische Hirten kehren vom Pferdefest bei Karakorum zurück, der alten Hauptstadt des Mongolenreichs Dschingis Khans. Paul Harris' Foto zeigt die Reiter im Licht der untergehenden Sonne. Bei dem Fest gibt es ein Wettreiten für Jungen bis zu zwölf Jahren, dazu Wettkämpfe im Ringen und Bogenschießen. Geschicklichkeit in diesen Dingen gilt den heutigen Mongolen ebensoviel wie ihren Vorfahren, den Kriegern in Dschingis Khans Reiterarmeen.

Ein Lama beim frühmorgendlichen Gebet im mongolischen Kloster Gandan, aufgenommen von Paul Harris. Die Gläubigen der Mongolei hängen der tibetischen Form des Buddhismus an. Die Verfolgungen der 30er und 40er Jahre haben die Religion fast ausgerottet, doch in letzter Zeit hat sie wieder an Boden gewonnen. Das Kloster Gandan hat eine wichtige Rolle dabei gespielt, den buddhistischen Glauben in der Mongolei wieder heimisch zu machen, und viele der 700 zerstörten Klöster werden heute wieder aufgebaut.

David Constantine hat diese Steinmetzarbeit an der Mauer des Pura Rambat Siwi festgehalten, eines Hindutempels an der Westküste von Bali, Indonesien *(oben links)*. Der Tempel ist dem Meer geweiht und liegt bei einer Reihe heiliger Grotten. Bali ist berühmt für die große Zahl seiner Tempel und hält inmitten des islamischen Indonesiens treu an seinem hinduistischen Glauben fest.

Ein bezauberndes Basrelief aus dem Pura Madwe Karang in Kubutambahan, Bali, 1992 fotografiert von Chris Caldicott *(oben rechts)*. Es zeigt einen Beamten, der auf einem Fahrrad aus Blumen und Blütenblättern fährt. Der Tempel huldigt der Erde und der Sonne, und in den Zeremonien, die hier stattfinden, werden Früchte gesegnet, die auf nichtbewässertem Land, etwa auf den Kaffeeplantagen, wachsen.

Die Berge des Hochlands von Sri Lanka, aufgenommen von Chris Caldicott *(gegenüber)* – ein schönes, bewaldetes Land mit grasigen Höhen. Ein wenig weiter bergab beginnen die Teeplantagen, doch hier in der Höhe ist das Klima zu kühl; es könnte Frost geben.

Kinder in Shekawati im indischen Staat Radschasthan, aufgenommen von Chris Caldicott *(oben)*. Durch diese Wüstenlandschaft zogen einst die Händler zwischen Asien und Europa, und der Wegezoll machte die Landbesitzer reich. Sie bauten sich prachtvolle Häuser von dem Geld, die Havelis, von denen viele nun verfallen.

Elefanten werden im Fluß Gandak gewaschen – eine Aufnahme aus Sonepur Mela, im indischen Staat Bihar, von Chris Caldicott aus dem Jahre 1996 *(gegenüber)*. An dieser Stelle mündet der Gandak in den Heiligen Fluß, den Ganges. Jedes Jahr im November, zur Pilgerzeit, findet hier der größte Elefantenmarkt der Welt statt. Bis zu 300 Elefanten werden an den Markttagen verkauft – und jeder davon nimmt zweimal am Tag, einmal morgens, einmal abends, ein Bad im Gandak.

Reisfelder bei Padangkerta, Bali, mit dem vulkanischen Gunung (balinesisch für Berg) Agung im Hintergrund, aufgenommen von Michael Freeman. Reis ist das wichtigste Landwirtschaftsprodukt auf Bali, und er wächst gut auf dem fruchtbaren Vulkanboden. Er wird auf gefluteten Feldern gepflanzt, und binnen kurzem entwickeln sich die grünen Sprossen. Wenn der Reis reif ist, sind die Halme goldbraun, und fast die ganze Einwohnerschaft hilft bei der Ernte: die Halme werden geschnitten, die Rispen gedroschen, und das Korn kommt in Speicher.

Dieser Händler verkauft in einer sonnigen Ecke der riesigen Markthalle von Ahmedabad rote Zwiebeln. Ahmedabad ist die Hauptstadt des indischen Staates Gujarat, dessen Einwohner größtenteils Vegetarier sind. Die Aufnahme stammt von David Constantine.

Eine tibetische Nomadin zeigt stolz ihren Schmuck, aufgenommen von Norma Joseph *(oben rechts)*. Die Frau hat ihr Haar mit Silber-, Türkis-, Korallen- und Bernsteinperlen verziert, und um den Hals trägt sie zur Perlenkette noch ein Amulett. Männer wie Frauen tragen Ohrringe – Männer allerdings in der Regel nur einen.

Ein Mann mit einer Nähmaschine, aufgenommen von David Constantine, geht auf einer Straße in Pokhara, Nepal, seinem Gewerbe nach *(gegenüber)*. In einem Land, in dem Elektrizität ein rares Gut ist, ist eine solche mechanische Maschine ideal. Wenn er draußen arbeitet, hat der Schneider nicht nur gutes Licht, sondern macht zugleich noch Reklame für sein Geschäft.

Afrika

Afrika

Der Schwarze Erdteil

Dr. Richard Leakey

IM LETZTEN JAHRHUNDERT HAT MAN IN EUROPA die Abenteurer und Missionare, die nach Afrika gingen, wie Helden verehrt, und unser Bild von der Erforschung des afrikanischen Kontinents ist davon bis heute geprägt. Die Strapazen, die Männer wie Livingstone, Stanley, Speke und Baker – um nur einige wenige zu nennen – für ihre Reisen auf sich genommen haben, waren ohne Frage beachtlich, und jeder wird beeindruckt sein von deren Mut und Courage. Die Herausforderungen und die Möglichkeiten, die Afrika bot, waren so groß – ob es nun um Handelsbeziehungen ging oder »gerettete Seelen« –, daß Menschen Risiken eingingen und Qualen durchstanden wie nirgendwo sonst bei der Erforschung der Erde.

Ich selbst habe ein oder zwei kleine Expeditionen in entferntere Gegenden Afrikas organisieren dürfen, wo es weder Straßen noch Flugplätze gab und wo mir keine andere Wahl blieb, als mit Trägern oder Kamelen zu arbeiten. Ich hatte auch das Glück, Menschen zu begegnen, die nie zuvor Weiße oder andere, von westlichen Kulturen Beeinflußte gesehen hatten (oder von ihnen nicht sonderlich beeindruckt waren), und diese Erlebnisse zählen zu den schönsten und aufregendsten meines Lebens. So wie die Technik sich inzwischen entwickelt hat, wird etwas Derartiges wohl kaum je wieder möglich sein. Und der Gedanke hat etwas Ernüchterndes, daß wir das Leben auf einem fernen Planeten, wenn denn je welches entdeckt wird, gewiß mit ferngelenkten Maschinen und Computern erforschen werden. Allerdings wird das wohl kaum zu meinen Lebzeiten geschehen, und darüber bin ich froh!

Doch ganz abgesehen von solchen Dingen bin ich auch überzeugt, daß die Zeit der Entdeckungen in Afrika noch längst nicht vorüber ist. Es gibt noch so viel zu erforschen, und die Zukunft hält Schätze an Wissen für uns bereit, die wir uns kaum vorstellen können. Die neuen Entdecker werden vielleicht nicht mehr in die malariaverseuchten Sümpfe ziehen, doch genau wie ihre Vorgänger werden sie Enthusiasmus, Gemeinschaftsgeist, die Unterstützung der Öffentlichkeit und den festen Glauben daran brauchen, daß die Ergebnisse am Ende die Mühen und den Aufwand wert sind.

DIE ERSTEN FORSCHER

Lassen Sie mich mit einigen allgemeinen Bemerkungen über Afrika und den Einsatz der Royal Geographical Society für die Erforschung des Kontinents beginnen. Viele von uns haben in der Schule gelernt, daß Afrika, der »Schwarze Erdteil«, angeblich von europäischen Forschungsreisenden *entdeckt* worden ist. Der Zeitpunkt, zu dem diese »Entdeckung« stattfand, ist nicht leicht zu bestimmen, und man muß immer zwischen Nordafrika und dem endlosen Land südlich der Sahara unterscheiden. Die Römer und auch schon die Griechen wußten mit Sicherheit einiges über das Landesinnere. Mindestens seit dem 9. Jahrhundert zogen Händler unterschiedlichster Herkunft die Ost- und Westküste hinunter, und im 10. Jahrhundert hatte der Islam mit einer Reihe von persischen und arabischen Städten und Siedlungen an der tropischen Ostküste Fuß gefaßt. Der innerafrikanische Handel begann wahrscheinlich schon lange vor dieser Zeit, teils vielleicht angeregt durch ausländische Interessen.

Schon bald nach der Zeitenwende brachten frühe Christen die koptische Kirche in das alte Königreich Äthiopien und gründeten Siedlungen entlang der afrikanischen Mittelmeerküste. An der westafrikanischen Küste war im 16. Jahrhundert der europäische Handel mit Gold, Elfenbein und Sklaven in vollem Gange. Doch erst einige Jahrhunderte darauf, zu Anfang des 19. Jahrhunderts, begannen die Europäer systematisch in das Innere des Kontinents vorzudringen, ihn geographisch zu erkunden, Land in Besitz zu nehmen, Handelsbeziehungen aufzubauen und ihren Glauben zu verbreiten.

Das britische Camp in Senafe, Abessinien (heute Äthopien), um 1868. Ein Jahr zuvor waren unter General Sir Robert Napier britische Truppen in das Land geschickt worden, um den britischen Konsul und einige Missionare zu retten, die König Theodore gefangenhielt. Bei Magdala besiegte Napier 1868 die Abessinier, und deren König beging Selbstmord.

Die spannenden Reiseberichte der Entdecker halten uns nicht zuletzt vor Augen, wie kurze Zeit es erst her ist, daß Afrika zum Spielball der europäischen Interessen und der Machtkämpfe zwischen Europäern wurde.

Afrikas Geschenk an die Welt

Wenn man wie ich die letzten dreißig Jahre mit dem Studium unserer menschlichen Vorfahren verbracht hat, dann weiß man, daß Afrika niemals in dem Sinne »entdeckt« worden ist, wie es früher in den Schulen gelehrt wurde und womöglich heute noch wird. Im Gegenteil: Es waren umgekehrt die Afrikaner, die eines Tages entdeckten, daß es auch jenseits ihrer Küsten eine Welt gab.

Bis vor etwa zwei Millionen Jahren lebten Menschen oder deren Vorfahren ausschließlich in Afrika – der Rest der Welt hatte noch keine Bekanntschaft mit den sonderbaren Säugern gemacht, die nach und nach den ganzen Planeten erobern sollten. Wenn uns das erst einmal klargeworden ist, werden wir Afrika und dessen Verhältnis zur Welt mit ganz neuen Augen sehen, und das ist wichtig. Wie viele Menschen wissen denn schon, daß es Afrikaner waren, die Südeuropa und Zentralasien besiedelten und bis in den Fernen Osten wanderten? Wer weiß schon, daß die Menschheit ein Geschenk Afrikas ist? Wer das erst einmal begreift, der wird ein ganz anderes Weltbild entwickeln als derjenige, der glaubt, daß Afrika in den letzten ein, zwei Jahrhunderten »entdeckt« wurde, und niemand wird danach noch sagen können, daß Afrika ein »Nachkömmling« sei, für die Weltpolitik noch nicht erwachsen genug.

Natürlich könnte man sagen, daß unser Urahn, der *Homo erectus*, der einst aus Afrika kam, nicht gerade viel Einfluß auf die heutige Welt und ihre Sorgen hat. Dem würde ich widersprechen, und ich bin sicher, wenn erst einmal anerkannt wäre, daß das Erbe der Menschheit afrikanisch ist – und das ist schließlich eine wissenschaftlich belegte Tatsache –, dann verschwände auch die herablassende Art, mit der über den »Schwarzen Erdteil« und die Menschen dunkler Hautfarbe als etwas Zweitklassiges geredet wird, als hätten sie weniger geleistet als andere.

In vielen Regionen Afrikas werden prähistorische Studien auch weiterhin wichtig bleiben, und die Erforschung der Ursprünge der Menschheit ist und bleibt ein Hauptthema der wissenschaftlichen Arbeit dort. Über die frühen Entwicklungsstadien wissen wir noch viel zuwenig, und noch wissen wir auch nicht, wann die »ersten Menschen« – die ersten Affen, die nur auf ihren Hinterbeinen gingen – aufkamen. Nach der gegenwärtigen Lehrmeinung gibt es solche sogenannten Bipeden erst seit fünf Millionen Jahren. Außerhalb Afrikas hat es bis vor zwei Millionen Jahren überhaupt keine Menschen gegeben – das sollten sich unsere politischen Führer und überhaupt die Bewohner dieses Planeten stets vor Augen halten.

Nahrung und Medizin

Auch in Afrika selbst gibt es noch genug zu entdecken. Es werden keine großen Expeditionen mehr sein, nicht mehr die Abenteuer des vorigen Jahrhunderts, von denen die Öffentlichkeit sich in den Bann schlagen ließ, und wo immer möglich sollten es die Afrikaner selbst sein, die die letzten Grenzen ihres Landes erforschen. Dabei geht es nicht mehr um geographische Grenzen, sondern um die Beschränkungen des Wissens über die Kulturen der Afrikaner und die natürlichen Ressourcen des Kontinents.

Das überlieferte Wissen der Bevölkerung ist in vielen Teilen der Erde nur sehr unzureichend festgehalten, und Afrika ist das Musterbeispiel dafür, wie ein Wissen, das sich über Jahrhunderte hinweg angesammelt hat, durch die Modernisierung vor unseren Augen verlorengeht. Ich bin zum Beispiel überzeugt, daß sich viel über die me-

Kapstadt, um 1917. Der Handel brachte die Weißen an diese Küste – zuerst 1487 den Portugiesen Bartolomeu Diaz auf der Suche nach einem Seeweg in den Osten, später Jan van Riebeeck, der 1652 einen Stützpunkt für die Schiffe der holländischen Ostindienkompanie anlegte.

dizinische Wirkung und auch über die Eßbarkeit wildwachsender Pflanzen lernen ließe. Ein solches Wissen, das meistens nur unter den Dorf- oder Stammesältesten weitergegeben wurde, könnte für Afrika und für die ganze Menschheit von unschätzbarem Nutzen sein.

Den Stellenwert neuer Medikamente, die auf uralten Heilverfahren beruhen, kann man gar nicht hoch genug ansetzen. In den letzten zwei Jahrzehnten haben die internationalen Konzerne immer mehr Präparate aus afrikanischen Pflanzen auf den Markt gebracht. Und nur zu oft sind die Afrikaner die letzten, die in den Genuß dieser »Entdeckungen« kommen, die meist nur Erkenntnisse der traditionellen Medizin ihres Kontinents ausgebaut und verfeinert haben. Die Aussichten auf neue Funde in diesem Bereich sind enorm, und Investitionen zahlen sich fast immer aus. Man kann nur hoffen, daß solche Unternehmungen gemeinsam mit den Völkern Afrikas in Gang kommen und nicht auf deren Kosten.

Ebenso gäbe es noch viel überliefertes Wissen über die Tausende von Pflanzen weiterzugeben, die den afrikanischen Völkern als traditionelle Nahrung gedient haben. Das heutige Afrika ist für seine Ernährung fast ganz auf den Anbau von nur sechs Feldfrüchten angewiesen: Mais, Weizen, Reis, Jamswurzel, Kartoffel und Banane. Das kann keine sichere Basis für die Ernährung von so vielen Menschen sein.

Viele traditionelle Nährpflanzen Afrikas vertragen große Trockenheit und werden in den nächsten Jahren ungeahnte Möglichkeiten für eine alternative Landwirtschaft eröffnen. Es ist wichtig, zu dem zurückzukehren, was die Einheimischen aßen, bevor fremde Früchte eingeführt wurden, und wenn man heute mit den Alten in den ländlichen Regionen Afrikas spricht, kann man über diese Dinge noch viel lernen. Es ist eine Schande, daß die ersten Forschungsreisenden all das vernachlässigt haben, aber noch ist es nicht zu spät. Ein gesamtafrikanisches Inventar dessen aufzustellen, was an Wissen über die Pflanzenressourcen des Kontinents noch festzuhalten ist, ist eine lebenswichtige Angelegenheit, die keinen Aufschub duldet.

Bedrohte Arten

Auch die anderen Spezies des Kontinents sind bisher nur sehr unzureichend dokumentiert. Da es unvermeidlich ist, daß immer mehr Land unter den Pflug kommt, gehen Arten in gar nicht übersehbarer Zahl verloren – genetische Ressourcen, die entscheidend für die Zukunft Afrikas, ja des Planeten sein können –, und es müssen unbedingt alle Kräfte zusammenarbeiten, um die Artenvielfalt des Kontinents zu erforschen und zu erhalten.

In den letzten Jahren sind bei der Erforschung der tropischen Ökosysteme in Mittel- und Südamerika große Fortschritte gemacht worden, und ich bin überzeugt, daß ähnliche Unternehmungen in Afrika ähnlich erfolgreich wären. Derzeit sind die Ökosysteme des trockenen Hochlands besser erforscht als die vielfältigeren und komplexeren Wälder des Tieflands, die durch Landwirtschaft und Rodung weitaus stärker bedroht sind. Das Studium dieser Wälder mit Hilfe der Techniken, die sich in den mittelamerikanischen Wäldern bewährt haben, ist eine faszinierende Aufgabe und könnte nebenbei noch einen Weg zum Öko-Tourismus der Zukunft weisen.

Es ist einfach unglaublich, daß die Industrienationen Unsummen dafür ausgeben, nach Leben im Weltall zu forschen, während die Vielfalt des Lebens auf unserem eigenen Planeten noch nicht annähernd erkannt und gewürdigt ist. Dabei ist das Studium der Tropen von vorrangiger Bedeutung, und man kann nur hoffen, daß bald größere Anstrengungen unternommen werden, die Vielfalt des afrikanischen Lebens und die Ökosysteme der Urwälder zu erforschen und zu erhalten.

Die extremen Witterungsunterschiede prägen das südafrikanische Landschaftsbild: Ein Wolkenbruch nach langer Dürre verwandelteinen Boden, der beinahe Wüste war, in einen Blütenteppich. Auf diesem Bild, das um 1920 in der Kap-Provinz entstand, hat die sengende Sonne Afrikas die noch vor kurzem schlammige Fläche, vielleicht ein Flußbett, ausgetrocknet und mit einem Zickzackmuster überzogen.

Die jüngere Geschichte

Auch über die direkten Vorfahren der heutigen Afrikaner wissen wir bisher nur sehr wenig. Grabungsfunde belegen, daß es in den letzten fünf Jahrtausenden große Wanderungen auf dem Kontinent gab, und der Übergang zur Viehwirtschaft muß für viele afrikanische Völker eine einschneidende Veränderung gewesen sein. Die ersten Siedlungen und die Ursprünge der afrikanischen Nationen sind noch kaum erforscht. Auch nach hundert Jahren archäologischer Forschungen gibt es in Afrika immer noch mehr Fragen als Antworten.

Eine Frage, die viel Interesse weckt, ist diejenige nach Ursprung und Triebfedern der altägyptischen Kultur. Der Nil hat natürlich schon immer eine Verbindung zwischen dem Inneren Afrikas und der Mittelmeerküste geschaffen, doch weiß man kaum etwas über die Besiedlung der Oberläufe des Blauen und Weißen Nils und die Kultur, die dort sechs Jahrtausende lang bis vor viertausend Jahren blühte. Wir wissen, daß die heutige Sahara nur etwa zehntausend Jahre alt ist; zuvor war Zentralafrika niederschlagsreicher und fruchtbarer, und erst im Laufe dieser zehn Jahrtausende verlandete die Verbindung zwischen dem Turkanasee in Nordkenia und dem Flußsystem des Nils. Als diese Verbindung noch bestand, war sie ein idealer Schiffahrtsweg zwischen dem Inneren des Kontinents und dem Mittelmeerraum.

Ein anderes interessantes Forschungsgebiet sind die befestigten Städte und Dörfer im südlichen Afrika. Die große Ruinenstadt Simbabwe ist nur eines unter Tausenden von Zeugnissen einer Kultur, die bestand, lange bevor Afrikaner mit Europäern oder Arabern in Berührung kamen. Die Jungsteinzeit und die Eisenzeit halten noch viele Geheimnisse für uns bereit.

Wie wichtig historische Studien sind, beweist uns ein Blick auf Südafrika, wo man auch heute noch auf ein Geschichtsbild trifft, das bis vor kurzem nicht weiter als vierhundert Jahre zurückreichte, bis zum Eintreffen der holländischen Siedler. Auch in Südafrika gibt es befestigte Städte, wo Staaten und Königreiche schon Hunderte von Jahren vor dem ersten Kontakt mit Europäern existiert hatten, doch das Belegmaterial ist schlecht dokumentiert.

Daß aus den Epochen vor der Kolonialzeit kaum schriftliche Zeugnisse existieren, liegt auf der Hand. Es gibt unzählige Kulturen, deren Geschichte nur in mündlicher Überlieferung und Legenden festgehalten wurde. Nun, wo das postkoloniale Afrika zu sich selbst findet, muß der Geschichtsbegriff überdacht und breiter gefaßt werden und auch die Zeit vor der Kolonisation mit einbeziehen. Davon hängt die Identität und Selbstachtung Afrikas entscheidend ab.

Es ist nicht wiedergutzumachen, daß die ersten europäischen Reisenden sich so wenig für afrikanische Geschichte interessierten, sondern immer nur weiterhetzten und sich nicht die Zeit nahmen, die Kulturen zu dokumentieren, auf die sie stießen. In den Kellern zahlloser europäischer Museen stapeln sich die afrikanischen »Kuriositäten« – Objekte, die von den Reisenden mitgenommen wurden, meist ohne daß die Europäer deren Zweck, deren Geschichte oder die damit verbundenen Bräuche festgehalten hätten.

Auch heute noch kann die Wissenschaft solche Schäden wenigstens zum Teil wiedergutmachen. Zwar haben Sklavenhandel, Kolonialherrschaft, Missionierung und Modernisierung die Spuren des präkolonialen Afrikas verwischt, doch zumindest in Teilen des Kontinents gibt es immer noch genug, was zu dokumentieren wäre. Dies muß für die Afrikaforscher am Ende dieses Jahrtausends eines der vordringlichsten Ziele sein. Arbeiten vor Ort werden zweifellos erforderlich sein, doch es wäre schon viel gewonnen, wenn man die Bestände der europäischen Museen und Archive systematisch erfaßte. Die Royal Geographical Society könnte bei diesem Kapitel der Afrikaforschung eine führende Rolle übernehmen. Die Erstellung einer zentralen Da-

Eine undatierte Aufnahme der südafrikanischen Stadt Kimberley in der Zeit des Diamantenfiebers. 1870 fanden sich in den *dry diggings*, den Minen in und um Kimberley, noch lohnendere Vorkommen, und 1871 hatten die Diamantenminen schon 75 000 Männer aller Nationen angelockt. Unter ihnen war auch der Brite Cecil Rhodes, der mit Diamanten ein Vermögen machte.

tenbank, in der alle Forschungsergebnisse zusammenlaufen und alle Stücke der Sammlungen dokumentiert sind – ein Unternehmen, das auf einer gut koordinierten Initiative aufbauen müßte, die Gebräuche und gesellschaftlichen Strukturen jener afrikanischen Eingeborenenvölker aufzuzeichnen, die sich erhalten haben –, wäre ein gewaltiger Beitrag dazu, das Kulturerbe der Menschheit zu sichern.

Ein afrikanischer Blickpunkt

Bisher ist die Geschichte Afrikas ausschließlich aus einem europäischen, ja mitteleuropäischen Blickwinkel geschrieben worden, und erst seit kurzem werden echte Anstrengungen unternommen, dies zu korrigieren. Der wertvolle Beitrag der Afrikaforscher, vor allem des 19. Jahrhunderts, soll nicht geschmälert werden, doch heute wissen wir sehr viel mehr über afrikanische Geschichte, Kunst, Kultur und Politik. Die Zeit ist reif, daß man afrikanische Geschichte als das begreift, was wirklich in Afrika vorgefallen ist – und nicht als das, was ein paar einzelne Europäer auf ihren Reisen durch den Schwarzen Erdteil mitbekommen haben.

Zwei seltene und sehr frühe Bilder, die der schottische Entdecker James Augustus Grant etwa 1861 aufnahm *(gegenüber)*. 1860–63 erforschte Grant zusammen mit John Speke den Nil, und den beiden verdanken wir auch die ersten Aufnahmen aus Sansibar. Das erste Bild *(oben)* zeigt einen dortigen Sklavenmarkt; einige Sklavinnen mit geschorenen Haaren sind am rechten Bildrand gerade noch auszumachen. Das zweite Bild *(unten)* trägt die Aufschrift »›Wanyamweris‹ oder Bewohner des Mondlands«, die Männer tragen einen mondförmigen Haarschopf.

No. 2
ROYAL GEOGRAPHICAL SOCIETY OF LONDON
Slave Market-place, Zanzibar - very difficult to take - slaves & arabs kept running away leaving only a line of women slaves whose legs and a face or two may be observed - the women's entire dress is a blue cotton sheet or cloth tied tight under arms and extending as far as the knee - their heads are cropped as short as scissors can crop them - very often they have for ornament a hole through the upper lip - at the market they come out very clean - Houses are blocks of cralline partly plastered - an indistinct wily Arab squats to the right eyeing the women

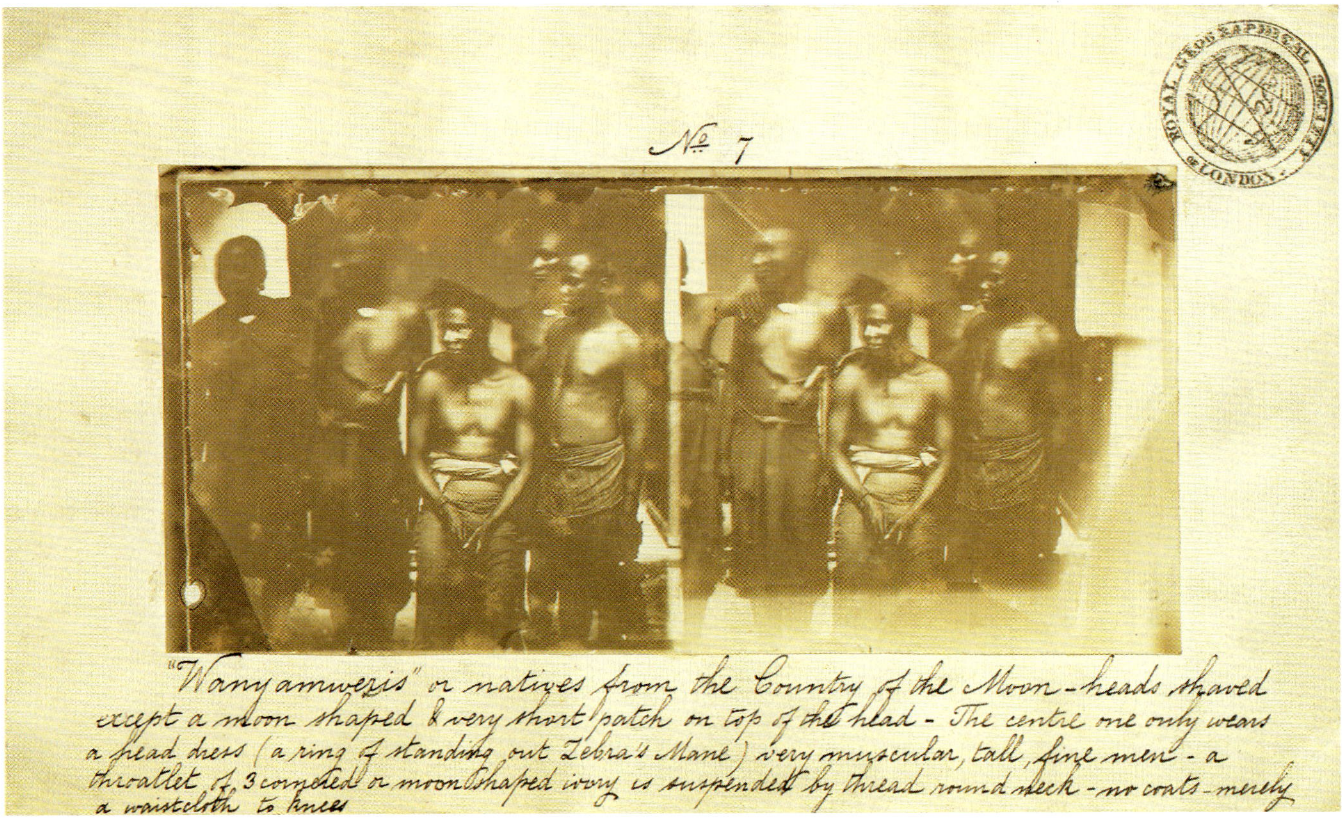
No. 7
ROYAL GEOGRAPHICAL SOCIETY OF LONDON
"Wanyamwezis" or natives from the Country of the Moon - heads shaved except a moon shaped & very short patch on top of the head - The centre one only wears a head dress (a ring of standing out Zebra's Mane) very muscular, tall, fine men - a throatlet of 3 cornered or moon shaped ivory is suspended by thread round neck - no coats - merely a waistcloth to knees

Ochse, Kamel und Führer stehen auf überschwemmtem Land bis zu den Knöcheln im Wasser des Nils – eine Aufnahme von Mrs. G. Lekegian aus den 1860er Jahren.
Reisen zum Nil waren en vogue im ausgehenden 19. Jahrhundert. Den Entdeckern folgten die Touristen: Das Reiseunternehmen Thomas Cook hatte ein Büro in Kairo eröffnet, und der Suez-Kanal erleichterte Ägyptenreisenden die Weiterfahrt nach Indien.

Ein barfüßiger ägyptischer Wasserträger steigt eine Treppe hinauf, den Wasserschlauch – einen Schweinsbalg – auf dem Rücken *(oben links)*, und eine wunderbar ausgewogene Komposition *(oben rechts)* bringt alles zusammen, woran jeder beim Stichwort Ägypten denkt: Kamele, Palmen, die Wasser des Nils und im Hintergrund die Pyramiden von Gizeh. Solche frühen Touristenandenken waren in Ägypten zu kaufen. Wie das Bild gegenüber wurden auch diese beiden von Mrs. Lekegian in den 1860er Jahren aufgenommen. Die Erfindung der Fotografie lag erst etwa zwanzig Jahre zurück, und die Technik steckte noch in den Kinderschuhen. Bemerkenswert an diesen Bildern ist nicht nur ihr hohes Alter, sondern das Maß, in dem die Fotografin die künstlerischen Möglichkeiten des neuen Mediums erkannte und zu nutzen verstand.

Eine Gruppe europäischer Touristen mit einheimischen Führern besichtigt den Sphinx von Gizeh, Ägypten, um 1867. Auf dem Löwenkörper sitzt ein menschliches Gesicht mit den Zügen des Königs Chephren und bewacht dessen Grab, die zweitgrößte der drei Pyramiden. Ursprünglich Ebenbild des Königs, wurde der Sphinx von nachfolgenden Herrschern verehrt als Horem-Akhet (»Horus, der am Horizont steht«) oder Wiedergänger des Sonnengottes Re-Harachte. Schon im alten Ägypten wurden Grabmäler, Tempel und andere Insignien verstorbener Herrscher von ihren Nachfolgern rigoros umgebaut und umgewidmet. Und so wechselte auch mehrfach die Bedeutung der fast 4500 Jahre alten, 20 Meter hohen und gut 74 Meter langen Statue, die auf dieser Aufnahme nur noch zum Teil aus dem Wüstensand herausragt. Der arabische Name des Sphinx lautet übrigens Abu el-Hul – »Vater des Schreckens«.

Touristen erklettern mit Hilfe ihrer Führer die großen Steinblöcke einer ägyptischen Pyramide, um 1870 *(gegenüber)*. Die Pyramiden, die von Tausenden von Ägyptern errichtet wurden, bleiben bis heute Meisterwerke der Ingenieurskunst: William Flinders Petrie (1853–1942), der viele ägyptische Altertümer ausgrub, sagte einmal, die Abweichungen, die in Winkeln oder Längenmaßen vorkämen, seien »keinen Daumen breit«.

Der Fährmann, der den schottischen Missionar und Afrikaforscher David Livingstone in den letzten Tag seines Lebens über den Fluß Lulimala brachte *(oben links)*. Livingstone, der zu den Quellen des Nils vorstoßen wollte, erlag am 1. Mai 1873 der Ruhr.

Noch eine wichtige Person in Livingstones Leben: Der Journalist und Forschungsreisende Henry Stanley *(oben rechts)*. Stanley (der ursprünglich John Rowlands hieß) ging 1869 im Auftrag des New York Herald nach Afrika, um nach dem seit 1866 verschollenen Livingstone zu suchen. Das berühmte Treffen der beiden fand am 28. Oktober 1871 in Ujiji nicht weit vom Tanganjikasee statt. Damals war es üblich, Fotografien wie diese als Visitenkarten zu verwenden.

Menschenmengen warten auf Einlaß in die Burg Christiansberg an der Goldküste – heute ein Teil Ghanas –, um 1873 *(oben)*. Die Namen künden von der kolonialen Vergangenheit dieser Gegend. Portugiesen, Holländer, Dänen, Schweden, Engländer und Franzosen unterhielten allesamt Handelsbeziehungen zu dieser Küste, an der es Gold und Sklaven gab. Bis zur Gründung der Republik Ghana, 1957, war die Goldküste eine britische Kolonie.

Ein wenig »Lokalkolorit«, durch das Objektiv von Mrs. Lekegian gesehen *(gegenüber)* – diesmal eine ägyptische Moschee in den 1890er Jahren. Die ägyptische Kultur und Zivilisation war nicht nur weitaus älter als die europäische, sondern hatte für die Reisenden des 19. Jahrhunderts noch dazu den exotischen Reiz des Islams, der mit den arabischen Eroberern im Jahre 641 ins Land gekommen war.

Blick vom Eingang einer Höhle in 2000 Metern Höhe am Mount Elgon in Uganda, aufgenommen von Ernest Gedge 1889/90. Links im Bild Frederic Jackson und ein einheimischer Führer. Gedge hatte sich Jacksons Expedition angeschlossen, von Mombasa zum Viktoriasee. Sie waren die ersten Europäer in den Ruwenzori-Bergen Ugandas.

Das undatierte Foto *(oben)* zeigt einen Bahnwärter und einen Pavian – ein Tier, das in Südafrika heimisch ist – in Uitenhage nahe Port Elizabeth an der südöstlichen Küste der Kap-Provinz (der ehemaligen britischen Kapkolonie). Für den ungehinderten Warentransport zwischen Küste und Landesinnerem waren Eisenbahnen unerläßlich, und in der zweiten Hälfte des 19. Jahrhunderts wurden mehrere Linien gebaut, die die Diamanten- und später die Goldminen mit den Hafenstädten verbanden.

Häuptling Nguie, Oberhaupt des Dorfes Balobo am Kongo, aufgenommen von Reverend G. Grenfell in den 1880er Jahren *(gegenüber)*. Nach dem Niedergang des seit dem Mittelalter bestehenden Königreiches Kongo, dessen Zentrum an beiden Flußufern lag, ging dieser Landstrich an Belgien und war zur Entstehungszeit der Aufnahme als Freistaat Kongo bekannt.

In einer Fotografie, die um 1901 entstand *(gegenüber)*, posiert eine junge Abessinierin (heute Äthiopien) vor der Kamera von L. Naretti und G. P. Devey. Die Kleidung – oder deren Abwesenheit – und der kuriose Hintergrund mit Balustrade und Statuen lassen darauf schließen, daß dieses Bild im Atelier professioneller Fotografen entstand und zum Verkauf bestimmt war.

Ein Porträt des »Kaffernhäuptlings« Magato, um 1890 *(oben links)*. Als Kaffern – nach dem arabischen *kafir*, was soviel wie Ungläubiger bedeutet – bezeichneten die weißen Südafrikaner Vertreter verschiedener Bantustämme (Amakosa, Betschuanen, Xhosa, Zulu) der Kap-Provinz. Heute gilt die Bezeichnung »*Kaffer*« als rassistisch.

Ein somalischer Jäger mit seiner Beute, um 1894 von H. G. C. Swayne aufgenommen *(oben rechts)*. Das Spitzmaulnashorn (Diceros bicornis) hat eine Schulterhöhe von anderthalb Metern und war für einen eingeborenen Jäger eine fette Beute. Diese gigantischen, ungeselligen Pflanzenfresser wurden in einer Zeit, in der sich noch niemand für sie einsetzte, in so großer Zahl abgeschlachtet, daß sie heute fast ausgestorben sind.

Kanus im Schilf von Kanyawanga am Ostufer des Edwardsees *(oben)*, an der Grenze zwischen dem Kongo und Südwest-Uganda; die Aufnahme entstand etwa 1907. Dies war einst ein bedeutender Teil der Salzhandelsroute.

Das 1906 von C. W. Hobbey aufgenommene Bild *(gegenüber)* zeigt Angehörige des Turkana-Stammes beim Tanz. Die Turkana leben als Nomaden in den trockenen Gegenden Nordkenias, und ein geselliges Beisammensein wie bei solchen Tänzen oder anderen Festen ist nur binnen weniger Monate nach einer guten Regenzeit möglich. Den Rest der Zeit sind sie unterwegs, immer auf der Suche nach Weiden für die Herden, die sie zum Überleben brauchen.

Eine Gruppe Männer vom Volk der Tasso aus dem westafrikanischen Staat Sierra Leone, etwa 1900 *(oben)*. Ihr Kopfschmuck besteht aus einem Gerüst aus Knochen, an denen Menschen- und Tierschädel befestigt sind. Die Rasseln an den Beinen untermalen jede Bewegung und verstärken die Wirkung der Rituale, zu denen sie getragen werden.

Ein »Narr« am Hof des ugandischen Königs Unyoro, aufgenommen um 1911 *(gegenüber)*. Heute würde man ihn wohl eher als Schamanen bezeichnen. Afrikanische Zauberer und Medizinmänner kleiden sich in die Felle wilder Tiere und schmücken sich mit deren Knochen und Zähnen und dergleichen. Der große Aufwand, mit dem die Männer auf diesen beiden Seiten gekleidet sind, belegt, daß sie in ihren Gemeinden eine sakrale Funktion hatten.

Ein Paar aus dem Kongo zeigt seine stammestypischen Narben und gefeilten Zähne. Dekorative Narben-Muster an Gesicht und Körper sind in manchen Gegenden Afrikas Tradition; wie die gefeilten Zähne entsprechen sie dem Schönheitsideal und dokumentieren zugleich die Stammeszugehörigkeit. Sie können auch als Zeichen der Initiation oder als Rangabzeichen dienen. Das Bild wurde Anfang des Jahrhunderts von Sir Harry Johnston aufgenommen, der als Beamter der Kolonialverwaltung, Anthropologe und Geograph die afrikanischen Völker, ihre Sitten und Gebräuche erforschte.

Der Thronerbe: Dieser Junge soll einmal *Kabaka* werden, König des Volkes der Ganda, das westlich des Viktoriasees in Uganda lebt. Der ernste Gesichtsausdruck des Jungen auf diesem ebenfalls von Johnston Anfang des Jahrhunderts aufgenommenen Foto zeigt, daß er seine Bestimmung kennt. Der Kabaka war ein wichtiger Mann, um den sich das ganze Machtgefüge des Königreichs Buganda drehte. Als Uganda 1966 zur Republik erklärt wurde, setzte man den damaligen Kabaka – König Freddie – ab, 1967 verlor Buganda seinen Status als unabhängiges Königreich und ging im Staat Uganda auf.

Noch ein Bild mitten aus dem afrikanischen Leben, wiederum aufgenommen von Sir Harry Johnston zu Beginn unseres Jahrhunderts. Das Bild zeigt eine Gruppe von Fischerinnen aus Kenia. Bei den überdimensionalen Hüten handelt es sich in Wirklichkeit um Fischreusen, die auf dem Kopf getragen werden, wenn sie nicht zum Fangen gebraucht werden.

Eine Fotografie von L. Naretti und G. P. Devey aus dem Jahre 1901 zeigt eine Gruppe junger eritreischer Fischer auf ihren Flößen in den flachen Gewässern unweit des Hafens von Massau (Mits'iwa) am Roten Meer *(oben)*. Im trockenen Eritrea an der Nordostküste Äthiopiens (dessen Hochland die regenbringenden Südwinde abhält) ist das Meer eine wichtige Nahrungsquelle.

Ein Jäger mit Bogen, Pfeil und Köcher trinkt aus einem Teich – eine Aufnahme von Harry Johnston, Anfang des Jahrhunderts *(gegenüber)*. Nach Stammessitte trägt der Mann schwere Ohrringe, die seine Ohrläppchen stark gedehnt haben.

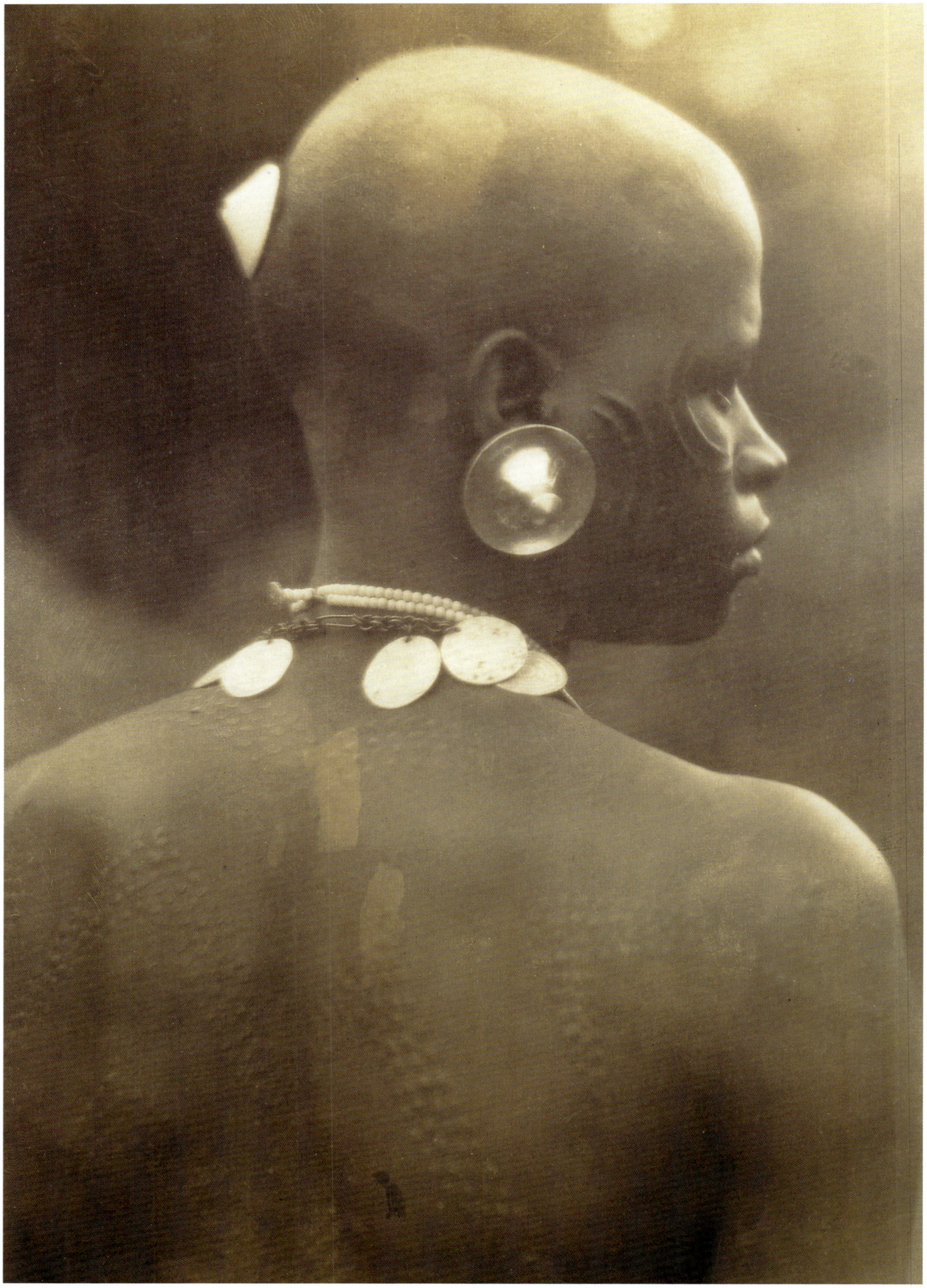

Ein Wacumba-Krieger, dessen Stammesgebiet heute zu Tansania gehört, zeigt die stammestypischen Ziernarben auf Gesicht und Rücken; das Bild *(gegenüber)* stammt von etwa 1934. Ein solches Muster entsteht, indem man die Haut mit einem Dorn anhebt und dann einritzt. Anschließend wird Kohle, Sand oder Asche in die Wunde gerieben, so daß sich ohne Infektion eine Narbe bildet.

Hörner, Schädel und Stoßzähne des afrikanischen Kontinents. Das erste Bild *(oben links)*, das etwa 1913 von H. Schomburgh aufgenommen wurde, zeigt einen Mann aus dem westafrikanischen Togo mit einem gehörnten Kopfschmuck. Das zweite Bild *(oben rechts)*, um 1906 von C. H. Reid fotografiert, zeigt eine Sammlung von Tierschädeln und Stoßzähnen aus Mosambik.

Ein hochentwickelter Webstuhl, um 1901 von L. Naretti und G. P. Devey im heutigen Äthiopien aufgenommen. In manchen afrikanischen Ländern ist das Weben Männerarbeit, und der Mann auf dem Foto könnte ein Dorze sein, ein Angehöriger eines für seine Webkunst berühmten äthiopischen Hochlandstammes. Der Brauch, grobe Fasern zu Textilien zu weben, könnte von der Korbflechterei herkommen.

Fischer am Kiwu-See, um 1912 aufgenommen. Durch den See, der früher in der Kolonie Belgisch-Kongo lag, verläuft heute die Grenze zwischen dem Kongo und Ruanda. Afrikanische Fischer arbeiten mit den verschiedensten Geräten, vom einfachen Netz bis hin zu den Reusen aus Kenia, die auf Seite 122 zu sehen sind. Hier schöpfen die Fischer den Fang mit Hilfe von Reifen und Netzen aus dem flachen Wasser. Die weit verzweigten Holzgerüste hinter ihnen dienten wahrscheinlich zum Fischen bei Flut.

Ein Dach aus Schilfrohr hält die gleißende Sonne ab und bietet den Passanten in diesem Durchgang im marokkanischen Fez ein wenig Schatten *(oben)*. Schilf ist ein traditionelles Baumaterial in arabischen Ländern.

Die Ruinen von Simbabwe (nach denen sich der Nachfolgestaat Südrhodesiens benannte), hier in einer Aufnahme aus den zwanziger Jahren *(gegenüber)*. Simbabwe heißt auf Bantu »Steinhaus«, und diese befestigte Stadt war einst das Zentrum des blühenden Shona-Staates. Die Shona bauten aus Granit, den sie in der Nähe brachen, turmhohe Schutzwälle um ihre Lehmhütten. Die Mauern stehen bis heute und erinnern an die einstige Größe dieser Hauptstadt, die ihre Blütezeit zwischen dem 13. und 16. Jahrhundert erlebte.

Zwei Bilder, die Bände über die koloniale Vergangenheit Afrikas sprechen. Das erste *(gegenüber)* zeigt einen schwarzen Diener in Tanganjika, der mit Tablett und Champagnerflasche für die Kamera posiert. Als das Bild entstand, um 1917, war das ehemalige Deutsch-Ostafrika (das seit 1885 deutsche Kolonie gewesen war) eben im Zuge des Ersten Weltkrieges an die Briten übergegangen. Die letzten Kolonialfesseln warf Tanganjika 1964 ab, als es zusammen mit Sansibar den modernen Staat Tansania gründete, geführt vom Präsidenten Julius Nyerere, den sein Volk *Mwalimu* nennt – den Lehrer.

Im zweiten, ebenfalls gestellten Bild *(oben)*, das von etwa 1935/36 stammen dürfte, steht ein Arbeiter mit Spitzhacke in einem Waldstück bei Kasempa in Nordrhodesien, das für den Ackerbau gerodet wird. Das britische Protektorat Nordrhodesien – das heutige Sambia – war wie sein südlicher Nachbar nach Cecil Rhodes benannt, dem Abenteurer und Politiker, der eine Kette britischer Besitzungen »vom Kap nach Kairo« schaffen wollte.

Ein alter Mann aus dem marokkanischen Dorf Tashdirte, um 1928 aufgenommen *(oben)*. Gesichtszüge und Kleidung machen deutlich, daß dieser Mann ethnisch anderer Herkunft ist als die negroiden Afrikaner südlich der Sahara. Die ursprünglichen Bewohner Marokkos waren Berber – eine Gruppe uralter Volksstämme, die einst die gesamte nordafrikanische Küste von Ägypten bis zum Atlantik bewohnte. Bis zum 11. Jahrhundert hatten sich jedoch nach mehreren Invasionen die Araber in Nordafrika durchgesetzt, und das Land kam unter die Herrschaft der Almoraviden, einer muslimischen Dynastie, die auch Algerien, Spanien sowie Marokko ihrem Reich einverleibt hatte.

Eine Gruppe von Frauen auf einer Straße in Algier, um 1923 *(gegenüber)*. Die Pluderhosen und verschleierten Gesichter lassen an Harem und Tausendundeine Nacht denken, doch daß Frauen unterdrückt und im Harem vom Leben abgeschieden werden, ist eine relativ neue Entwicklung im Islam – die Lehren Mohammeds gestehen den Frauen beträchtliche Freiheit zu, und der Koran fordert lediglich züchtige Kleidung.

Einem Filmteam ist es gelungen, eine Gruppe Pygmäen zu Aufnahmen aus dem Dschungel des Kongo zu locken. Für diese kleinwüchsigen Menschen ist der zentralafrikanische Regenwald mehr als nur ihr Zuhause: Die Beziehung ist so eng, daß sie vom Wald als ihrer »Mutter« sprechen. Die winzige Statur der Pygmäen, im Schnitt 1,35 m, hat Ausländer von jeher fasziniert; ein spezielles Fettpolster am Gesäß – eine physiologische Eigenheit namens *steatopygia*, die als Energie-Notvorrat für den Körper fungiert – läßt auf eine Verwandtschaft zu den Buschmännern schließen. Das Bild entstand etwa 1934.

Afrika, wie es leibt und lebt – eine Löwin fällt in der Savanne ein Zebra an. Bei näherem Hinsehen erweisen die beiden sich allerdings als Fälschung. Sie sind ausgestopft und zu einem Tableau arrangiert, das den Vorstellungen des Publikums entspricht. Das undatierte Bild wurde in Kenia von Mrs. Will Gordon aufgenommen.

Marokkanische Pilger in den 20er Jahren. Die Pilgerreise, insbesondere die *Hadsch* nach Mekka (der Geburtsstadt des Propheten) ist eine der fünf Grundpflichten, der »Grundpfeiler des Glaubens«. Außer zu dieser Wallfahrt ist der gläubige Muslim verpflichtet, mit den Worten »Allahu akbar« (»Gott ist größer«) seinen Glauben zu bekennen, fünfmal täglich zu beten (*Salat*), Almosen zu geben (*Zakat*) und schließlich während des Monats Ramadan, des neunten Monats im islamischen Mondjahr, zu fasten. Diese Pflichten, die das tägliche Leben bestimmen, machen aus dem Islam mehr als nur eine Religion – er ist ein Lebensstil.

Sonnenuntergang über Moschee und Hafen der Stadt Moroni auf den Komoren, aufgenommen von Michael Freeman. Die nordwestlich von Madagaskar gelegenen Inseln sind ein Schmelztiegel unterschiedlichster Kulturen. Nachdem sich dort zunächst Afrikaner, Asiaten und Indonesier niedergelassen hatten, nahmen die Franzosen die Inseln 1912 in Besitz. 1975 erlangten sie ihre Unabhängigkeit unter Ahmed Abdallah und wurden drei Jahre darauf zu einem islamischen Bundesstaat erklärt.

Auf dem Bild von Adrian Arbib *(gegenüber)* bekommt ein Junge aus Kenia von seiner Mutter den Kopf geschoren – ein Teil des Rituals, das den Eintritt ins Erwachsenenleben symbolisiert.

Ein zweites Bild von Arbib zeigt einen jungen *Moran*, einen Krieger der Massai *(oben)*. Das Kudu-Horn ist das Symbol seiner Altersgruppe – die Gesellschaft der Massai ist streng hierarchisch nach dem Alter gegliedert. Wenn ein Junge fünfzehn Jahre alt ist, wird er zusammen mit den anderen Jungen seines Alters als *Moran* initiiert. Die nächsten fünfzehn Jahre lang leben und arbeiten die jungen Männer zusammen, bis sie in die nächste Stufe eintreten, die Stufe der *Ilterekeyani*. In weiteren Etappen von je fünfzehn Jahren steigen sie in der Hierarchie auf bis zum Ältesten. Dieses System ist so zuverlässig, daß die Massai ihre Geschichte daran zurückverfolgen können, und Historikern ist es gelungen, damit selbst noch Ereignisse aus dem späten 18. Jahrhundert zu datieren.

Ein Dorf in der Nähe von Bida, Nigeria, am fruchtbaren Unterlauf des Niger, aufgenommen von Sir Peter Holmes *(oben)*. Der Baustil dieser strohgedeckten runden Lehmhütten findet sich in vielen Teilen Afrikas.

Ein Arbeiter aus einem Salzbergwerk in Taoudenni (Nordmali) mit einem 30 Kilogramm schweren Salzblock *(gegenüber)*. Nicht nur in Afrika, auch in Europa war Salz einst ein wertvolles Gut, und es gab eine Zeit, in der dieser Block sein Gewicht in Gold wert gewesen wäre. Die Fotografie stammt von John Evans.

Eine Karawane der Tuareg in der algerischen Sahara, aufgenommen von Chris Bradley *(oben links)*. Die Tuareg sind Berber, ein stolzes, kriegerisches Nomadenvolk. In früheren Zeiten zogen sie mit ihren Kamelherden durch die Sahara – von Südalgerien bis in den Norden Nigerias und von Westlibyen bis nach Timbuktu in Mali – und handelten mit algerischem Salz. Die Entstehung klarer definierter Staatsgrenzen hat sie in ihrer Bewegungsfreiheit jedoch stark eingeschränkt.

Eine Frau der Turkana aus dem nördlichen Kenia trägt eine Schale mit Nahrungsmitteln auf dem Kopf *(oben rechts)*. Das Stammesgebiet der Turkana ist so trocken, daß eine permanente Besiedlung unmöglich ist, und sie ziehen mit den Herden durchs Land, die auch ihre Haupt-Nahrungsquelle sind. Die traditionelle Nahrung besteht aus Milch (meist als Dickmilch oder als Butterfett), Fleisch und gelegentlich Blut, das sie den Tieren abnehmen und in Suppen oder Sauermilch rühren. Die Aufnahme stammt von Adrian Arbib.

Männer blicken vom Deck eines Dampfers auf dem Niger hinunter zu einem mit Holz beladenen Boot, vielleicht Brennholz für den Dampfkessel *(gegenüber)*. Chris Caldicotts Aufnahme entstand in Mali.

Wasser in der Wüste – der Niger durchquert auf seinem Weg durch Mali die Sahara, aufgenommen von Chris Caldicott. Von seinen Quellen im Hochland von Guinea fließt der Fluß zunächst nordostwärts durch Mali, wendet sich dann wieder nach Süden und mündet bei Port Harcourt, Nigeria, in den Atlantischen Ozean. Insgesamt ist er 4185 Kilometer lang, der drittlängste Fluß Afrikas. Sein Lauf hat sich der ständig größer werdenden Sahara angepaßt, und er fließt oft träge. Der erste Europäer, der ihn auf ganzer Länge befuhr, war der Schotte Mungo Park, der 1795 im Alter von nur 23 Jahren von der African Society (die später in der Royal Geographical Society aufging) den Auftrag zu dieser Forschungsreise erhielt. Bei einer zweiten Expedition im Jahre 1805 kam Park bis Timbuktu, kehrte jedoch nicht zurück. Ob er ertrank oder von Eingeborenen getötet wurde, ist bis heute ungeklärt.

Tausende von Flamingos versammeln sich im Ngorongoro-Krater in Tansania. Diese bis zu 1,25 m großen Watvögel, Verwandte der Störche, kommen an das flache, schlammige Wasser und seihen mit ihren Schnäbeln Nahrung heraus. Neben Flamingos bietet die reiche Fauna des Kraters auch Gnu-, Zebra- und Gazellenherden. Das Bild stammt von Michael Freeman.

In einem Dorf bei Betafo im zentralen Hochland von Madagaskar machen sich auf der Route 34 (die nach Miandrivazo führt) zwei Bauern auf den Weg zur Arbeit *(gegenüber)*. Die beiden Häuser hinter ihnen sind im traditionellen Stil der Gegend gebaut – es sind Häuser der aus Indonesien stammenden Merina. Wie beim chinesischen *Feng Shui* sind auch hier Orientierung und Einrichtung des Hauses von entscheidender Bedeutung: Die Stirnwand muß nach Westen blicken, die Küche nach Süden, und das Bett des Hausherrn muß in der Nordostecke liegen, die den Vorfahren geweiht ist. Die Aufnahme stammt von John R. Jones.

Ein Mann der Dinka aus dem südlichen Sudan, aufgenommen von John Miles *(oben links)*. Die etwa eine Million Dinka leben im Quellgebiet des Weißen Nils und betreiben hauptsächlich Rinderzucht.

Diese Fotografie von John Evans *(oben rechts)* zeigt eine junge Frau aus Mali, die beim Verputzen einer Hütte mit Mörtel bespritzt wurde. Früher hätte man Lehm genommen, in ganz Afrika von jeher das wichtigste Baumaterial.

Alt und Jung bei den Dinka aus der Provinz Bahr al-Ghazal im südlichen Sudan *(oben und gegenüber)*, aufgenommen von John Miles. Obwohl viele Jahre Altersunterschied zwischen den beiden liegen, zeigen der alte Mann und der Junge beide die typischen Züge dieses Volkes: das lange, schmale Gesicht, das schmale Kinn und die hohen Backenknochen. Die Dinka sind Nomaden, die ihren Herden von einem Weidegrund zum nächsten folgen. Sie haben wenig Kontakt untereinander, und anders als manche seßhafteren Völker, bei denen sich oft fein differenzierte Rangsysteme herausbilden, ist die Gesellschaft der Dinka egalitär – sie haben keine Könige oder Herrscher.

Der Wind hat ein Wellenmuster im Wüstensand hinterlassen – aufgenommen von Chris Caldicott in der Sahara nicht weit von der ägyptisch-libyschen Grenze. Die Frau blickt hinüber zur Oase Siwa; solche Oasen bieten Zuflucht in einer Wüstenlandschaft, die so grenzenlos ist, daß man sich fühlt wie auf hoher See – was im Englischen auch in den Namen zum Ausdruck kommt: die südwestlich von Siwa gelegene Libysche Wüste wird dort als Great Sand Sea bezeichnet, die Calanscio-Sandwüste als Calanscio Sand Sea.

Jeden Februar findet entlang einer heiligen Meile des Flusses Sokoto bei Argungu in Nordwest-Nigeria ein traditionelles Wettfischen statt, hier von Sir P. Holmes im Bild festgehalten. Tausende von Teilnehmern kommen bei diesem Fest aus ganz Nigeria zusammen und versuchen, binnen einer Dreiviertelstunde den größten Fisch zu ergattern. In ein Netz passen bis zu 65 Kilo an Nilbarschen; die kleineren dürfen die Fischer behalten, doch die größten sind Geschenke für die Emire, die das Fest veranstalten.

Ein Priester und ein Ministrant der koptischen Kirche, einer äthiopischen Variante des Christentums, die in vielem dem Judentum ähnelt *(gegenüber und oben)*. Die beiden Bilder,1996 von Norma Joseph und Maurice Joseph aufgenommen, entstanden in den Kirchen von Lalibela im Norden Äthiopiens. König Lalibela hatte einen Traum, in dem er den Auftrag erhielt, das Neue Jerusalem zu errichten. Der König setzte den Befehl um, indem er zwölf Kirchen aus dem massiven Fels schlagen ließ – eine für jeden Apostel.

Fischerinnen bei den Dörfern Analalava und Ambanje, nicht weit von Maromandia in Nordwest-Madagaskar. Die buchtenreiche Küste liegt an der Straße von Mosambik, die die Insel vom afrikanischen Festland trennt und mit ihrem warmen tropischen Wasser und ihren Lagunen reiche Fischgründe bietet. Die Aufnahme stammt von John R. Jones.

Die Pole

Bis ans Ende der Welt

Sir Ranulph T-W-Fiennes Bt. O.B.E.

Im Jahre 1972 kam meine Frau auf die Idee, wir könnten doch die Erde umrunden; und zwar von Pol zu Pol. Als wir zehn Jahre später dieses Vorhaben in die Tat umsetzten, war das der Beginn einer Haßliebe zu den Polregionen, die uns seither nicht mehr losgelassen hat. Die Norweger nennen dieses Gefühl *polarhulle* – eine ewige Sehnsucht nach der dunklen, kalten Ferne.

Schon seit Jahrtausenden jagen Menschen am Rande des Nordpolarmeers. Große Teile von Sibirien und Kanada liegen jenseits des Nördlichen Polarkreises, und aus der Geschichte gibt es Zeugnisse von seefahrenden Kaufleuten und Wikingern, Glücksrittern und wagemutigen Robbenfängern in dieser Region.

Ganz anders sieht es mit den menschlichen Aktivitäten im äußersten Süden der Erde aus. Noch im 19. Jahrhundert kursierte unter hartgesottenen Walfängern das Sprichwort: »Südlich des 40. Breitengrades gibt es kein Gesetz. Südlich des 50. Breitengrades keinen Gott.« Wenn man bedenkt, daß die Stadt London auf 52° nördlicher Breite liegt, ist es beinahe unglaublich, daß es so lange dauerte, bis die Menschheit den Südlichen Polarkreis erreichte (Cook war 1770 der erste), und erst 1904 näherten sich die ersten Forscher dem antarktischen Festland.

Die Gefahren der See

Grund für die späte Erforschung des Südpols sind die Gefahren des Südpolarmeers, einer ebenso unwirtlichen, menschenfeindlichen Umgebung wie der eisige Kontinent inmitten dieser gefährlichen Gewässer.

Frank Worsley, der Kapitän von Shackletons Schiff *Endurance*, beschrieb es folgendermaßen: »Unablässig und unnachgiebig tost die See in diesen Breiten des südlichen Polarmeers, in den rauhen Vierzigern und den stürmischen Fünfzigern. Die höchsten, breitesten Wellen der Welt messen an die vierzig oder fünfzig Fuß vom Wellental bis zum Kamm und schlagen wie wild in der aufgewühlten, stürmischen See. Bisweilen ragen sie so hoch empor, daß man nur noch eine fast senkrechte, tosende grüne Wasserwand sieht, und die Wogen, die auf das Schiffsdeck krachen, drücken stählerne Relings ein und zerschmettern Decksaufbauten wie Eierschalen. Bei schwerem Wetter bewegen sich diese blauen Berge aus Wasser mit einer Geschwindigkeit von bis zu 25 Meilen in der Stunde. Man macht sich keinen Begriff davon, mit welch ungeheurer Wucht die gewaltigen Wassermassen bei diesen Geschwindigkeiten aufprallen.«

Doch als das Nordpolarmeer erst einmal rücksichtslos leergefischt war, lockte der Reichtum des nährstoffreichen Südpolarmeers Walfänger und Robbenjäger an den Rand des eisbedeckten antarktischen Kontinents. Trotz vorher unterzeichneter internationaler Abkommen wurden allein im Jahr 1938 für die Trangewinnung 50 000 Wale abgeschlachtet. Viele Walarten der Südhalbkugel wurden dabei nahezu ausgerottet: Im Jahr 1900 gab es noch etwa 250 000 Blauwale, 1965 sichtete die Walfangflotte der Insel Süd-Georgien im gesamten Jahr nur noch vier Exemplare.

Den Robben erging es nicht viel besser. Wegen ihres Fells wurden mehr als fünf Millionen Robben in der Antarktis erschlagen. Bereits 1829 berichtete ein Augenzeuge von immer weiter sinkenden Zahlen: »Dieser Reichtum des Meeres ist in einem solchen Maße geplündert worden, daß keine einzige Robbe mehr zu sehen ist, obwohl sie noch vor wenigen Jahren in großer Zahl diese Ufer bevölkerten.« Auch wenn bei vielen Wal- und Robbenarten der Bestand wieder zunimmt, droht heute neue Gefahr: Umweltverschmutzung, ausgelaufenes Öl und globale Erwärmung werden sich vielleicht als noch größere Bedrohung herausstellen als das Jagdfieber des 19. Jahrhunderts.

Diese um 1879 aufgenommene Fotografie von E. M. Langworthy zeigt ein Schiff zwischen schwimmendem Packeis in norwegischen Gewässern. Eine starke Süd-Strömung in der Arktis läßt Eismassen, die von der Polkappe abbrechen, in Richtung Atlantik treiben.

Der Einfluss des Menschen

Die einzigen »Bewohner« des gewaltigen vereisten Kontinents – die Antarktis ist größer als Nordamerika – sind vereinzelte Wissenschaftler, die meist ausschließlich während des kurzen antarktischen Sommers in ihren an der Küste gelegenen Stationen tätig sind. Nur eine Handvoll von ihnen verbringt dort auch den langen, dunklen Winter, und nur ein verschwindend geringer Prozentsatz dieser Forscher sieht mehr von der Antarktis als das unmittelbare Umfeld ihrer zentral beheizten Hütten. Die Forschungsstationen – im Jahr 1971 waren es insgesamt 42 – benutzten anfangs einfach die Gletscherspalten oder Felsklippen in ihrer Umgebung als Müllkippen, und erst als Greenpeace diese Praxis in den 80er Jahren öffentlich anprangerte, sahen sie sich aus Sorge um ihr Image genötigt, diese Abfälle ordnungsgemäß zu beseitigen – im Falle einer einzigen U. S.-Basis kamen dabei immerhin mehr als zweitausend Tonnen Müll zusammen, darunter Ölfässer, Chemikalien und Sprengstoffe.

Derzeit ist die Bedrohung der Antarktis durch menschliche Umweltverschmutzung wohl relativ gering. Es ist unwahrscheinlich, daß Geologen Mineralien entdecken werden, deren Abbau sich wirtschaftlich lohnt, und durch die bestehenden Verträge ist die gezielte Suche nach Bodenschätzen ohnehin stark eingeschränkt. Vor Tankerunglücken, wie sie sich in der Arktis ereignet haben, sollte die Antarktis einigermaßen sicher sein, auch wenn von Jahr zu Jahr mehr Kreuzfahrtschiffe die Antarktis ansteuern. In dem kurzen antarktischen Sommer schaffen sie an die 6000 Touristen heran, die verlassene Forschungsstationen, Pinguinkolonien und die spektakulären Naturschönheiten in Augenschein nehmen. Die meisten von ihnen benehmen sich einigermaßen, denn man hat ihnen vorher eingeschärft, daß sie die Tiere nicht stören dürfen. Ein Unglück hat sich dennoch ereignet: 1989 lief das argentinische Schiff *Bahia Paradiso* auf Grund und verlor 900 000 Liter Öl, das die umliegenden Gewässer verpestete und die Fische sowie Seevögel, die sich von ihnen ernähren, in Gefahr brachte.

Beweggründe

Wenn sowohl die Touristen als auch die Mehrzahl der Wissenschaftler wenig oder gar nicht mit dem Inneren des antarktischen Kontinents in Berührung kommen, wer tut es dann? Wer sind die Antarktisforscher unserer Zeit, und was sind ihre Beweggründe?

Meist handelt es sich um Einzelgänger, oftmals aus Norwegen und Großbritannien, und sie führen eine Vielzahl von Gründen an, warum sie Kopf und Kragen riskieren. Wally Herbert, einer der bedeutendsten europäischen Polarforscher unserer Zeit, hat einmal gesagt: »Welchen Zweck die Reise hatte? Leute, die solche Fragen stellen, sollten froh sein, daß es andere gibt, die sich der Herausforderung stellen und gar nicht auf die Idee kommen zu fragen.«

So äußerte sich Edmund Hillary über Sir Vivian Fuchs: »Ich spürte, daß sein Tatendrang mehr der echten Lust am Abenteuer entsprang, dem Gedanken an den Ruhm und das Ansehen, das seinem Land und ihm selbst zuteil werden würde, wenn er als erster eine so lange und gefährliche Unternehmung erfolgreich zu Ende führte.«

Doch Elspeth Huxley traf den Nagel wohl am ehesten auf den Kopf, als sie schrieb: »Was brachte diese Männer dazu, sich auf Strapazen einzulassen, die so extrem waren, daß die meisten gewöhnlichen Sterblichen alles geben würden, um sie sich zu ersparen? ... Ruhm und Reichtum ... und die Liebe zu ihrem Land, die Lust am Abenteuer, die Hingabe an eine Sache, dazu unterschwelligere Kräfte wie ein gewisser Hang zum Märtyrertum etwa. Sicher ist da auch Neugier, der Wunsch herauszufinden, was hinter dem nächsten Hügel liegt, auf dem Mond oder jenseits der Sterne. All diese Motive verschmelzen miteinander, und wer versucht, sie auseinanderzusortieren

Longyearbyen am Adventfjord, Spitzbergen, auf einer um 1919 aufgenommenen Fotografie von J. M. Wordie. Spitzbergen ist die Hauptinsel der norwegischen Inselgruppe Svalbard. Heute tummeln sich dort Walrosse und Eisbären; Fossilienfunde belegen jedoch, daß auf diesen Inseln früher Palmen wuchsen.

und in Schubladen zu stecken, der verschwendet in der Regel nur seine Zeit.«

Gefahren und Strapazen

Bis zu dem Tag, an dem ich diese Zeilen schreibe, ist es noch niemandem gelungen, die Antarktis ganz auf sich gestellt zu durchqueren. Wer immer es versucht, muß früher oder später erkennen, daß sich an den Risiken, Gefahren und Beschwernissen seit den Tagen von Amundsen und Scott nur wenig verändert hat. Um 3000 Kilometer Eiswüste, zu einem erheblichen Teil in großen Höhen, ohne Nachschub von außen zu durchqueren, muß man sich mit etwa 230 Kilogramm Gepäck pro Person abplagen. Shackleton träumte von einer solchen Unternehmung, doch die *Endurance* sank, ehe er seinen Plan in Angriff nehmen konnte. Seine Gegner waren Kälte, Hunger und die Gletscherspalten.

Jetzt, wo die Jahrtausendwende näherrückt, werden alle, die in Shackletons Fußstapfen treten wollen, feststellen, daß selbst moderne Forschung und neue Entwicklungen nur wenig zur Lösung dieser grundlegenden Probleme beigetragen haben. Der Proviant wiegt auch heute nicht weniger als früher, trotz der neuartigen Trockennahrung, denn wenn man diese Leckereien in der wasserlosen Eiswüste zubereiten will, muß man zusätzliches Brennmaterial mitnehmen. In puncto Kleidung und Schuhwerk gibt es zwar viele Verbesserungen, doch bei jemandem, der einen extrem schwere Schlitten ziehen muß und dabei ins Schwitzen kommt, bildet sich schnell ein Hitzestau, wenn die Kleidung nicht hundertprozentig atmungsaktiv ist. Deshalb ist nur sehr dicht gewebter Stoff für solche Bedingungen geeignet, und der war schon 1901 zu haben. Auch Amundsen und Scott hatten bereits Funkgeräte, und damals wie heute sind diese im Polargebiet hochgradig unzuverlässig, bedingt durch Sonneneruptionen, die Absorption der Radiowellen in Polnähe und andere ionosphärische Störungen.

Gletscherspalten sind nach wie vor eine unberechenbare Gefahr, und es gibt keine Maschine, die dem modernen Abenteurer sagt, wohin er seinen Fuß nicht setzen darf. Als der australische Antarktisforscher Douglas Mawson Schlittenhunde als Zugtiere verwendete, hatte er nicht weniger Probleme, als wenn er seine Schlitten von Menschen hätte ziehen lassen, und viele Tiere stürzten in heimtückische Eisspalten. Wenn man sich Tag für Tag, Monat für Monat auf so unsicherem Boden bewegt, dann untergräbt das Zuversicht und Moral.

Der Wind ist ebenfalls ein ständiger Anlaß zur Sorge, denn mit ihm kommen *whiteout* und Schneestürme, Erfrierungen und der Verlust des Orientierungsvermögens. Katabatische Winde (Fallwinde) fegen ganz oder fast ohne Vorwarnung mit mehr als hundert Knoten Geschwindigkeit von den Hochflächen. Dabei kann es vorkommen, daß schlafenden Expeditionsteilnehmern jäh das Zelt über dem Kopf weggerissen wird. Mawson berichtete von Winden, die Geschwindigkeiten von mehr als 300 Stundenkilometern erreichten.

Im Zusammenwirken mit den endlosen Schneeflächen und der extremen Kälte kann auch die Sonne zum erbarmungslosen Feind werden. Die Schutzbrille beschlägt, und wenn man sie abnimmt, weil man nichts mehr sehen kann, läuft man Gefahr, binnen kürzester Zeit schneeblind zu werden. In einem *whiteout* reflektiert und bricht der Schnee das Licht so sehr, daß das menschliche Auge sein räumliches Sehvermögen verliert und gefährliche Gletscherspalten nicht mehr erkennen kann. Elspeth Huxley hat beschrieben, wie Scott »schneeblind war und unter entsetzlichen Schmerzen litt, die nicht einmal Kokain zu lindern vermochte. Dem Opfer dieser schrecklichen Krankheit war, als würden ihm glühende Nadeln in die Augäpfel gestochen oder als würden sie mit grobem Sand geschliffen.«

Bisweilen leiden Arktisforscher, die große Strecken zu Fuß zurücklegen, unter Hämorrhoiden oder laufen sich zwischen den Bei-

Eine weitere Fotografie von J. M. Wordie, ebenfalls aus dem Jahr 1919, zeigt den Adolffjord und den Ort Pyramiden auf Dickson Land, Spitzbergen. Zwar liegt die Inselgruppe außerhalb der Zone des ewigen Packeises, doch die Treibeisgrenze verläuft viel weiter südlich.

nen wund, so daß jeder Schritt große Schmerzen bereitet. Erfrierungen an Fingern, Zehen, Ohren und Nase hinterlassen Blasen, und nicht selten stirbt das geschädigte Gewebe ab. In der großen Höhe kommen bohrende Kopfschmerzen hinzu, Atemnot und Übelkeit.

Douglas Mawsons Biograph weiß zu berichten, daß, als dieser auf einer seiner ersten Expeditionen »... seine dicke Unterhose herunterzog, ein ganzer Schwall von Hautpartikeln und Haaren in den Schnee herabrieselte. Seine Beine hatten große offene Stellen. An den Knien fehlte die schützende Hautschicht, die Genitalien waren rot und wund von der ständigen Reibung beim Laufen. An seinen Füßen hatte sich die Hornhaut in einem Stück abgelöst – sie sah aus wie eine lose Einlegesohle, und darunter war nichts als rohes Gewebe. In seinen Socken hatte sich wäßrige Flüssigkeit angesammelt. Er drückte sich die abgelösten Sohlen wieder unter die Füße und fixierte sie mit Bandagen.«

Bei allen großen Antarktisexpeditionen kam es zu Spannungen und Reibereien zwischen den Teilnehmern, die durch die physischen Strapazen noch verschärft wurden. So schrieb Apsley Cherry Garrard über Scotts Expedition von 1911, daß »... es eine Woche dauerte, bis der Verlust eines Kekskrümels verschmerzt war. Die besten Freunde gingen sich derart auf die Nerven, daß sie tagelang nicht miteinander sprachen, aus Angst, sie könnten sich streiten. ... Scott und Shackleton waren völlig unvereinbare Charaktere, und die Strapazen der Reise heizten die Gefühle derart an, daß die kleinste Kleinigkeit ausreichte, das Pulverfaß zur Explosion zu bringen.«

Endlose Eiswüste

Bevor Shackleton und nachfolgende Forscher das Festland des antarktischen Kontinents erreichen konnten, mußten sie Hunderte von Meilen schwimmenden Schelfeises überqueren. Das mit dem Festland verbundene Ross-Eisschelf ist größer als Texas und könnte sich doch theoretisch jederzeit vom Festland lösen. Tatsächlich brechen jedes Jahr riesige Eisberge vom Ross- und anderen Schelfeisgebieten ab, doch diese Verluste werden ausgeglichen durch nachdrängendes Eis von den Hochplateaus, das sich in Form gigantischer Gletscher unablässig talwärts schiebt. Nur wer diese Gletscher mit eigenen Augen gesehen hat, macht sich einen Begriff von ihrer Größe.

Einer davon ist der Beardmore-Gletscher, den ich einmal in meinem Tagebuch zu beschreiben versucht habe: »Der Blick, der sich uns nun Stück für Stück eröffnete, war ehrfurchtgebietend: eine riesige, scheinbar reglose Masse aus Felsen und Eis. Dies war der Oberlauf eines unaufhaltsam fließenden Stroms aus Eis. Er hatte sich zwischen den 15000 Fuß hohen Bergen hindurchgezwängt, und das talwärts drängende, zusammengepreßte Eis bildete immer neue wilde Wirbel und Strudel. In fernen Hügelketten gähnten gewaltige Abgründe, und am Fuße von schwarzen Klippenstümpfen brandeten hoch aufragende Wogen aus Eis. Für mich war es ein Bild voller Kraft und voller Wunder, und ich dankte Gott für diesen Augenblick in meinem Leben. Außer uns gab es dort kein Leben, und das war seit den Dinosauriern von Gondwana immer so gewesen. Hier überlebte kein Vogel, kein Tier, nicht einmal eine winzige Bakterie. Nur das tiefe Grollen einer gewaltigen Lawine, das Knirschen und Mahlen von splitterndem Fels, daß Ächzen der Eismassen und die teils sanfte, teils wilde Musik des Windes aus tausend Tälern erfüllte die immerwährende Stille.«

Weiter unten auf seiner Bahn – ein Höhenunterschied von 300 Metern – erreicht der Beardmore-Gletscher, der zweitgrößte der Welt, eine Breite von 50 Kilometern und schiebt sich spektakulär über eine Schwelle talwärts, in einen chaotischen Hexenkessel mit Gletscherspalten, groß genug, um die Londoner Kathedrale St. Paul's zu verschlingen. Im Jahr 1990 verirrte sich der große Südtiroler Bergsteiger Reinhold Messner, ein Experte im Überqueren gefährlicher Eisflä-

Die karge Landschaft von Grönland auf einem um 1933 aufgenommenen Foto von B. B. Roberts. Weil der Wikinger-Fürst Erik der Rote 982 von den leuchtenden Wiesen so beeindruckt war, und weil er Siedler suchte für die riesige Insel im Nordmeer, taufte er sie »Grünes Land«. Ein PR-Gag. Das grönländische Inland-Eis ist bis zu 3400 Meter stark.

chen, in diesem Gebiet. »Wir fanden nicht mehr heraus«, schrieb er. »Wir waren blindlings hineingeraten, zwischen Abgründe und Löcher, in ein Labyrinth aus Eissäulen und Gletscherspalten von mehr als siebzig Metern Tiefe.«

In weniger turbulenten Teilen des Gletschers gleiten Felsen, die von den Talwänden abgebrochen sind, auf gewundenen Eisbahnen gravitätisch talwärts, dem Eisschelf zu und von dort mit den Eisbergen auch hinaus auf hohe See. Manchmal schmilzt das über der Wasseroberfläche liegende Eis eines Eisbergs so weit ab, daß sich vorbeifahrenden Seeleuten ein ungewöhnlicher Anblick bietet: Sie sehen nichts als einen gewaltigen Felsblock, der wundersamerweise auf dem Meer zu treiben scheint.

Tatsächlich ist das Inlandeis der Antarktis ein einziger riesiger Gletscher. Dieser Gletscher ist größer als die USA und enthält 75% der Süßwasservorräte der Erde. Unter Wissenschaftlern diskutiert man derzeit die Frage, ob die von niemandem angezweifelte globale Erwärmung dazu führen wird, daß sich mehr Eis bildet, oder ob es zu einer Eisschmelze katastrophalen Ausmaßes kommen wird, die alle Küstenstädte der Erde im Meer versinken läßt – eines von vielen Katastrophenszenarios, das Wissenschaftler für die Zukunft ausmalen. Aber man darf nicht vergessen, daß vor nur 10000 Jahren das Laurentische Inlandeis, ein Gletscher, der noch größer war als der antarktische Kontinent, Kanada und die Vereinigten Staaten bedeckte. Heute ist er verschwunden und nur noch Wissenschaftsgeschichte.

Große Besorgnis herrscht auch wegen des Ozonlochs, das 1985 von britischen Forschern entdeckt wurde. Es befindet sich 24 Kilometer über der Antarktis, und ungefiltert trifft ein gefährlich hoher Anteil der UV-Strahlung auf den antarktischen Kontinent und die Länder der Südhalbkugel wie Australien und Patagonien. Das Ozonloch wird Jahr für Jahr größer, und immer mehr Tiere und Menschen leiden an Krebserkrankungen, Erblindung und geschwächter Immunabwehr. Die Besorgnis ist allerorts gewachsen, und die Antarktis ist genau der rechte Ort zur Überwachung der Gesundheit unseres Planeten.

Der vertraute Norden

Was das ehrfürchtige Staunen und die Faszination des Unbekannten angeht, konnte es die Arktis nie mit ihrem spektakulären südlichen Gegenstück aufnehmen. Schließlich liegt der Nordpol genau wie das ihn umgebende Nordpolarmeer auf Meereshöhe und hat keine gewaltigen Gletscher und imposanten Gebirgszüge, keine heroischen Polarforscher, die auf tragische Weise ums Leben kamen, keine Bedrohung durch eine dramatische Eisschmelze. Die Arktis ist den meisten von uns viel vertrauter, denn sie ist leichter zugänglich für eistaugliche Kreuzfahrtschiffe, und Tag für Tag fliegen die Maschinen der meisten europäischen und nordamerikanischen Fluglinien über sie hinweg.

Hier verbringen Menschen ihr ganzes Leben – die Inuit von Kanada, Alaska und Sibirien, die skandinavischen Lappen. Öl und andere Bodenschätze werden gefördert und abgebaut, und die Eisbären sind so oft gefilmt worden, daß sie ihren geheimnisvollen Zauber längst verloren haben. Grönland, Spitzbergen und die Inseln des Kanadisch-Arktischen Archipels, die Heimat von Moschusochsen und Lemmingen, sind allesamt landschaftlich reizvoll, und jede Region hat ihre eigene faszinierende Entdeckungsgeschichte. Doch irgendwie hat das alles die Phantasie der Menschen längst nicht so angeregt wie das »romantische Zeitalter der Erforschung« der Antarktis.

Nach dem Untergang eines norwegischen Robbenfangschiffes haben sich diese beiden Überlebenden der Arktisexpedition unter Führung von Sir Martin Conway angeschlossen. Das Foto, um 1896 von T. J. Studley aufgenommen, zeigt sie auf Spitzbergen.

Die Teilnehmer von Kapitän Robert Falcon Scotts erster Antarktisexpedition beobachten, wie aus einem Ballon die Luft abgelassen wird. Im Verlauf dieser ehrgeizigen und bestens ausgerüsteten britischen Expedition, die 1901 begann, bediente sich Scott der unterschiedlichsten Techniken. Unter anderem verwendete er Fesselballons als Wegmarkierungen. Bei dieser Unternehmung drang er mit seinem Expeditionsteam bis auf 82°17' südlicher Breite vor, näherte sich dem Südpol, der bei 90° südlicher Breite liegt, bis auf 500 Kilometer. Das Foto entstand 1904, im letzten Jahr der Expedition.

Shackletons Männer, die auf der Elefanteninsel gestrandet sind, feiern die Ankunft ihrer Retter. Ernest Shackleton hatte Scott von 1901 bis 1904 in die Antarktis begleitet und stand von 1907 bis 1909 an der Spitze einer eigenen Expedition. Im Jahr 1914 brach er erneut in die Antarktis auf, aber im Oktober des folgenden Jahres wurde sein Schiff *Endurance* vom Packeis zerquetscht. Da er wußte, daß er und seine Männer ohne fremde Hilfe keine Überlebenschance hatten, machte sich Shackleton in einem offenen Boot auf den Weg zu der 1300 Kilometer entfernt liegenden Insel Süd-Georgien. Am 20. Mai 1916 traf er dort ein und kehrte am 24. August mit vier Booten und einem chilenischen Schlepper zur Elefanteninsel zurück, um seine Männer zu retten. Damit brachte er eine der spektakulärsten Rettungsaktionen der Geschichte zu einem glücklichen Abschluß. Foto von Frank Hurley.

Zwei Fotos von Frank Hurley, aufgenommen während Shackletons Antarktisexpedition von 1914 bis 1916. Mit Hilfe eines Selbstauslösers gelang es Hurley, sich selbst samt einer zweiten Kamera auf dem Eis zu fotografieren *(gegenüber)*. Die Expeditionsteilnehmer feiern die Wintersonnenwende mit einem Festessen *(oben rechts)*.

Scott und seine Männer müssen erkennen, daß sie geschlagen sind *(oben links)*. Als sie am 18. Januar 1912 den Südpol erreichen, erwartet sie dort ein Zelt, das der norwegische Forscher Roald Amundsen zurückgelassen hat. Amundsen hatte den Pol bereits am 14. Dezember 1911 erreicht und war ihnen somit 35 Tage zuvorgekommen. Im Inneren des Zeltes – dem er den Namen »Polheim« gab – hatte Amundsen Briefe an Scott und an den norwegischen König zurückgelassen, für den Fall, daß er auf dem Rückweg zu seinem Schiff, der *Fram*, die in Framheim, in der Nähe der Bucht der Wale, auf ihn wartete, ums Leben kommen sollte. Tatsächlich brauchten er und seine Gefährten für den Rückweg nur 41 Tage.

Scott und seine Männer auf einem Foto von Herbert Ponting, aufgenommen im April 1911, drei Monate nach Beginn des glücklosen Vorstoßes zum Südpol *(oben)*. Eine Reihe von Fehlentscheidungen war mitverantwortlich für Scotts Scheitern. So bestand er auf den Einsatz von Motorschlitten, die schon bald ausfielen, und Ponys, die der polaren Kälte nicht gewachsen waren und nach und nach erschossen werden mußten. Außerdem schickte Scott alle Mitglieder des Teams, die zu erschöpft oder nicht mehr nützlich waren, ins Basislager zurück, was schließlich dazu führte, daß im Januar 1912 nur noch eine kleine Gruppe von fünf Männern den Pol erreichte – Scott selbst, Dr. Wilson, die Lieutenants H. R. Bowers und L. E. G. Oates sowie Edgar Evans. Keiner von ihnen überlebte den Rückweg: Evans starb im Zelt, Oates ging freiwillig in den Tod, indem er in die Kälte hinauswanderte, und Scott, Wilson und Bowers wurden tot in ihren Schlafsäcken aufgefunden – nur 18 Kilometer von einem Lebensmitteldepot entfernt.

Kraftnahrung für Antarktisforscher: Herbert Ponting posiert für ein Werbefoto für Heinz Baked Beans *(gegenüber)*. Das Foto entstand im Juni 1911.

HEINZ
2 DOZEN
LARGE TINS
HEINZ
Baked Beans
"WITH TOMATO SAUCE"
H. J. HEINZ CO. PITTSBURGH, U.S.

Auf diesem Foto von Herbert Ponting aus dem September 1911 lassen die hoch aufragenden »Zinnen« eines festungsartigen Eisbergs den Mann mit seinem Hundeschlitten winzig klein erscheinen. Die schwimmenden Eisberge faszinierten schon die ersten Polarreisenden. Martin Frobisher, ein englischer Seefahrer, Freibeuter und Forschungsreisender des 16. Jahrhunderts, vertrat als erster die Ansicht, daß Eisberge keine isolierten Eismassen aus gefrorenem Meerwasser seien, sondern riesige Bruchstücke von noch gewaltigeren Gletschern.

Die Nachtwache: Dieses Foto von Frank Hurley zeigt einige Mitglieder von Shackletons Expeditionsteam am wärmenden Herdfeuer auf der *Endurance*. Das – nie verwirklichte – Vorhaben der Expedition war die Überquerung der Antarktis vom Weddell-Meer bis zum Ross-Meer.

Blick aus einer Grotte in einem antarktischen Eisberg auf die *Terra Nova* in der Ferne. Mit diesem Walfangschiff brachen Scott und seine Mannschaft, der auch Meteorologen und Geophysiker angehörten, im Jahr 1910 in die Antarktis auf, um den Wettlauf zum Pol gegen Amundsen zu gewinnen. Im Januar 1911 ankerte die *Terra Nova* im McMurdo-Sund. Damit war der Weg, den Scott bis zum Pol zurücklegen mußte, 160 Kilometer länger als der Weg Amundsens, der in der Nähe der Bucht der Wale vor Anker gegangen war.

Zwei Fotos von Frank Hurley, die während Shackletons Antarktisexpedition 1914–1916 entstanden. Das erste *(gegenüber)* zeigt Dr. Hussey mit »Samson« und einem weiteren Hund; auf dem zweiten *(oben rechts)* sieht man Wild mit zwei Hunden an Bord der *Endurance*.

Kapitän Oates mit einigen sibirischen Ponys, die auf Scotts letzter Expedition von 1910–1912 die Schlittenhunde ersetzen sollten, fotografiert von Herbert Ponting. Obwohl die Ponys schwere Lasten ziehen konnten und im Verhältnis zu ihrem Körpergewicht weniger Nahrung als Hunde benötigten, stellte sich heraus, daß sie für die Bedingungen, die in der Antarktis herrschen, weniger geeignet waren. Sie konnten sich weder wie ein Hund zusammenrollen, um in einem Schneesturm warm zu bleiben, noch konnte man sie mit dem Fleisch ihrer toten Artgenossen füttern, wie es bei Hunden üblich war. Der Einsatz von Ponys war mitverantwortlich für das Scheitern von Scotts Expedition, in deren Verlauf Oates sein Leben opferte, und mit seinen inzwischen berühmten Abschiedsworten: »Ich gehe mal eben nach draußen, und es kann ein Weilchen dauern, bis ich wieder da bin« wissentlich dem Tod im Schneesturm entgegenging.

Zwei Fotos von Frank Hurley, die während Shackletons Antarktisexpedition 1914–1916 entstanden. Das erste *(gegenüber)* zeigt Dr. Hussey mit »Samson« und einem weiteren Hund; auf dem zweiten *(oben rechts)* sieht man Wild mit zwei Hunden an Bord der *Endurance*.

Kapitän Oates mit einigen sibirischen Ponys, die auf Scotts letzter Expedition von 1910–1912 die Schlittenhunde ersetzen sollten, fotografiert von Herbert Ponting. Obwohl die Ponys schwere Lasten ziehen konnten und im Verhältnis zu ihrem Körpergewicht weniger Nahrung als Hunde benötigten, stellte sich heraus, daß sie für die Bedingungen, die in der Antarktis herrschen, weniger geeignet waren. Sie konnten sich weder wie ein Hund zusammenrollen, um in einem Schneesturm warm zu bleiben, noch

Die *Endurance* auf dem Weg ins Packeis an der nordöstlichen Ecke des Weddellmeers zu Beginn der Shackleton-Expedition von 1914 bis 1916. Deren Ziel war, die Antarktis auf einer Route, die über den Südpol führte, zu überqueren. Das Eis hatte sich früh gebildet und war ungewöhnlich dick für die Jahreszeit. Shackleton verglich die Muster im Eis mit einem gigantischen Puzzlespiel der Natur. Man wartete mehrere Tage auf bessere Bedingungen, doch im Januar 1915 war alles zu spät: Die *Endurance* saß im Eis fest, und es sollte noch schlimmer kommen.

Die beiden Fotos von Frank Hurley (oben und gegenüber) zeigen die fortschreitende Zerstörung der *Endurance* durch das Packeis, 480 Kilometer vom Festland entfernt. Da es nicht gelungen war, das Schiff aus dem Eis zu befreien, in dem es eingeschlossen war, ließ sich die Besatzung einige Monate lang mit ihm treiben. Im August 1915 mußten sie das Schiff aufgeben und ihr Lager auf dem Eis aufschlagen. Im Oktober wurde die *Endurance* von den Eismassen zerdrückt, und im November sank, was von ihr noch übriggeblieben war. Die Besatzung konnte nur drei offene Boote, einen Teil der Ausrüstung und einige Vorräte retten.

Ein Inuit-Ehepaar *(links)*, aufgenommen um 1920 von Dr. L. Koch, und das Porträt eines Inuitkindes *(rechts)*, fotografiert von Colonel Andrew Croft während der britischen Trans-Grönlandexpedition um 1934. Man nimmt an, daß die Inuit von den Völkern abstammen, die vor tausenden von Jahren über die Beringstraße nach Nordamerika einwanderten. Ihr ursprünglicher Lebensstil war dem Leben in den harten Polargebieten perfekt angepaßt. Viele Polarforscher, darunter auch Amundsen, lernten ihre Überlebenstechniken von den Inuit.

Die schneebedeckten Einöden der Königin-Maud-Berge im westlichen Teil der Antarktis in der Nähe des Ross-Schelfeises, das nicht weit vom Südpol entfernt liegt. Das Foto entstand während der Nimrod-Expedition im November 1960. Heute werden solche Expeditionen mit dem Ziel der wissenschaftlichen Forschung unternommen, aber diese Expedition erinnerte an den Geist früherer Tage: Die *Nimrod* war Shackletons Schiff, mit dem er 1907 auf eine Reise in See stach, die ihn bis zum 88° 23' Grad südlicher Breite führte, ganze zwei Grad vom Südpol mit 90° südlicher Breite entfernt.

Auf diesem Foto vom 13. März 1960 ragt der Rumpf des amerikanischen Schiffes *Atka* aus der eisbedeckten See unweit der amerikanischen Forschungsstation McMurdo auf dem antarktischen Ross-Eisschelf. Im Hintergrund erkennt man die Silhouette des 3795 Meter hohen vulkanischen Mount Erebus. Die Namen beschwören den Geist früherer Forscher herauf: McMurdo war Erster Steuermann auf der *Terror*, dem Begleitschiff der *Erebus* bei der Antarktisexpedition von 1841 unter dem Kommando von James Clark Ross. Foto von Charles Swithinbank.

B

Ein Blick auf die Berge des antarktischen Ellsworth-Hochlands (80° südlicher Breite). Die Berge säumen die Ränder des Filchner-Eisschelfs, die höchste Erhebung ist der 5140 Meter hohe Mount Vinson. Die Küste ist hier stark zerklüftet, mit tiefen Einschnitten und Vorgebirgen. Foto von Bruce Herrod.

Das Lager einer gemeinsamen Forschungsgruppe von englischen und amerikanischen Geologen in den antarktischen, bis zu 2812 Meter hohen Thiel Mountains, fotografiert von Charles Swithinbank im Dezember 1983. Während Polarexpeditionen in der Vergangenheit stets unter dem Vorzeichen persönlicher und nationaler Rivalitäten standen, wurde die Antarktis 1959 durch Unterzeichnung des »Internationalen Antarktis-Vertrages« zu einer Schutzzone von besonderem wissenschaftlichem Interesse erklärt. Seither herrscht in der Antarktis ein Klima internationaler Zusammenarbeit, und viele verschiedene Nationen haben dort ihre Forschungsstationen errichtet.

Rauchzeichen in der Antarktis – fotografiert von Sir Ranulph Fiennes während seiner Erdumrundung von 1979–82 *(oben)*. Es war die erste Erdumrundung über beide Pol-Achsen. Als Fiennes zu dieser Reise aufbrach, hatte er bereits auf einer Reihe von Expeditionen Erfahrungen gesammelt: So hatte er 1969 den Weißen Nil bereist, 1970 den Jostedalsbre-Gletscher in Norwegen und 1971 das kanadische Headless Valley.

Dieses Foto von Stephen Venables *(gegenüber)* zeigt Brian Davison bei der Erstbesteigung des Mount Carse in Süd-Georgien. Süd-Georgien ist eine subantarktische Insel im Südatlantik (1500 Kilometer östlich der Falkland-Insel) und liegt etwa auf der gleichen Höhe wie die Südspitze von Feuerland.

Auf diesem Foto von Martha Holmes sieht man Pinguine auf dem antarktischen Eis vor einer imposanten Kulisse aus Eisbergen *(gegenüber)*. Auch wenn Pinguine an Land eher plump und unbeholfen wirken, bewegen sie sich im Wasser leicht und elegant. Ihr Körper besteht großenteils aus Fett, das durch einen äußerst effektiven Stoffwechselmechanismus in Wärme umgewandelt werden kann, so daß sie den eisigen Temperaturen ihrer polaren Heimat standhalten können. Die beträchtlichen Fettvorräte legen die Pinguine während intensiver Freßphasen an, in denen die Fettpolster bis zu 25 Prozent des Körpergewichts ausmachen können – ein Prozentsatz, der noch höher liegt als bei Walen oder Robben.

Mitternacht auf 66°1' nördlicher Breite: Das Foto von Drew Geldart zeigt den Blick vorbei an einem Expeditionszelt auf einen Fjord in der Nähe von Ammassalik an der grönländischen Ostküste, unmittelbar südlich des Polarkreises *(oben)*. An der Ostküste von Grönland gibt es eine große Zahl solcher steil zerklüfteten Bergkämme, die oft über 3000 Meter hoch aus dem Meer ragen.

Roger Mears fotografierte die von antarktischem Pfannkucheneis umgebene *Southern Quest* aus der Vogelperspektive *(gegenüber)*. Dank des technischen Fortschritts ist eine Reise ins Polargebiet heute nicht mehr das lebensgefährliche Abenteuer, als das es die ersten unerschrockenen Forscher noch erlebten. Auf Schiffen wie dem hier abgebildeten bleibt die Besatzung mittels moderner Elektronik in Verbindung mit der Außenwelt, und überdies haben die Forscher heute die Möglichkeit, ihr Zielgebiet von der Luft aus zu erkunden. Gerade in der Antarktis haben sich Flugzeuge und Satelliten als wichtige Hilfsmittel zur Erforschung der unwirtlichen Eiswüsten im Landesinneren erwiesen.

Ein weiteres Foto von Martha Holmes zeigt einen auftauchenden Wal, an dessen Körper sich Entenmuscheln festgesetzt haben *(oben)*. Zu Beginn des zwanzigsten Jahrhunderts tummelten sich diese Kolosse noch zu Hunderttausenden in den Weltmeeren, doch durch intensiven Walfang wurden sie nahezu ausgerottet. Die überlebenden Wale sind zwar heute geschützt, doch bei der geringen Nachkommenzahl wird es lange dauern, bis ihre Population sich wieder erholt.

Der Nahe Osten

Wüste und Oase

Sir Wilfred Thesiger

ICH GING HINÜBER ZU AL-AUF, der die Kamele im Auge behielt, und wir saßen beieinander in der Abenddämmerung und sprachen von dem Weg, der vor uns lag. Er hatte die östliche Sandwüste zwei Jahre zuvor durchquert. Er mache sich Sorgen wegen der Kamele der Bait Kathir, sagte er. Sie seien in schlechter Verfassung, und er habe seine Zweifel, ob sie den Weg durch die Uruk Al Shaiba überstehen würden, die er mir als Berge aus Sand beschrieb. Ich fragte, ob wir die Hügel umgehen könnten, doch er erklärte mir, daß sie sich nach Westen hin sieben Tagesreisen weit erstreckten, und im Osten reichten sie bis zum Umm Al Samim, dem legendären Treibsand, von dem Bertrand Thomas die Beduinen hatte sprechen hören. Wenn wir nach Dhafara und zur Oase Liwa wollten, sagte er, dann müßten wir die Uruk Al Shaiba durchqueren. Bei den Bait Kathir war »bis nach Dhafara« eine Redewendung, die soviel hieß wie »bis ans Ende der Welt« ...

Vier Tage nach unserem Aufbruch aus Mughshin erreichten wir Khaur bin-Atarit, benannt nach seinem Entdecker, einem längst vergessenen Beduinen. Der Brunnen war zugeweht, doch wir konnten ihn freigraben. Das Wasser war, wie ich schon befürchtet hatte, sehr brackig und würde noch schlimmer werden, je länger es in den Schläuchen blieb. Musallim kochte uns Haferbrei zum Abendessen, die einzige Mahlzeit des Tages. Von nun an würde es nur noch harte Kanten ungesäuerten Brots geben, mit ein wenig Butter darauf. Bin Kabina goß uns Wasser über die ausgestreckten Hände. Es war das letzte Mal, daß wir uns waschen konnten – und sei es auch nur die Hände –, bis wir die Brunnen von Dhafara erreichten.

Am Morgen bekamen die Kamele noch einmal zu trinken. Manche wollten das bittere Wasser nicht anrühren, und wir mußten ihnen die Köpfe hochhalten und es ihnen in die Kehlen gießen. Wir füllten die Schläuche und verstopften die winzigen Löcher, aus denen das Wasser herauströpfelte. Die anderen sprachen ihre Mittagsgebete; dann beluden wir die Kamele und machten uns zwischen den goldenen Dünen auf den Weg. Wir gingen zu Fuß, denn die Tiere hatten genug an den vollen Schläuchen zu tragen. Am nächsten Morgen fanden wir einen halbvertrockneten grünen Flecken an der Flanke einer hohen Düne und ließen die Kamele zwei Stunden lang grasen. Wir schlugen unser Lager an einem Platz mit gewaltigen Dünen auf, Berge wie Walrücken über Ebenen aus weißem, pulvrigem Gips. Es war ein öder, unfreundlicher Anblick, merkwürdig arktisch. Zweimal wachte ich in der Nacht auf, und jedesmal saß Sultan mit nachdenklicher Miene am Feuer. Bei Sonnenaufgang brachen wir wieder auf, und nach vier Stunden gelangten wir an große rote Dünen, eng zusammengedrängt und mit grünen Pflanzen bedeckt – aufgekeimt nach den schweren Regenfällen zwei Jahre zuvor. Frische Kamelspuren bewiesen, daß die Bait Musan in der Nähe kampierten: Sultan und die Bait Kathir machten sich auf, um sie zu suchen. Bin-Kabina warnte mich, daß wir mit den Bait Kathir noch Ärger bekommen würden.

KEIN WEG ZURÜCK

Als sie wieder da waren, erklärte Sultan mir, er habe von den Bait Musan erfahren, daß keine Weide mehr komme, und da unsere Kamele in schlechtem Zustand seien, sei es Irrsinn weiterzugehen. Vorräte und Wasser seien ohnehin knapp. Die Bait Kathir seien bereit, mit mir durch die östliche Sandwüste zu gehen; dann würden sie sich an der Küste wieder den anderen anschließen. Auf keinen Fall würden sie das Leere Viertel durchqueren. Ich fragte al-Auf, ob er bei mir bleiben werde, und er antwortete mit fester Stimme: »Wir sind gekommen, um nach Dhafara zu gehen. Wenn du weitergehen willst, werde ich dich führen.« Ich fragte bin-Kabina, und er antwortete, wohin ich gehe, da werde auch er hingehen. Ich wußte, daß Musallim eifersüchtig auf Sultan war. Als ich ihn fragte, antwortete er: »Ich komme mit«, und

Kaffeepause auf dem Lubba-Pfad am Nordostrand der Wüste Nefud, 1911. Heute gehört die Nefud zu Saudi-Arabien, und der Armee-Offizier W. I. Shakespear, von dem die Aufnahme stammt, war als Augenzeuge dabei, als das neue Königreich, der größte arabische Staat, entstand.

daraufhin schloß sich auch sein Vetter Mabkhaut uns an. Die anderen sagten nichts. Wieder teilten wir die Vorräte. Wir nahmen unseren Anteil, fünfzig Pfund Mehl, ein wenig Butter und Kaffee, von Tee und Zucker, was noch übrig war, und ein paar getrocknete Zwiebeln. Außerdem bekamen wir vier Schläuche Wasser und suchten diejenigen aus, die nicht leckten. Später, nach langem Feilschen und zu einem exorbitanten Preis, kauften wir den Bait Musan noch ein Kamel ab …

Am nächsten Morgen halfen die Bait Kathir uns, die Kamele zu beladen. Dann nahmen wir Abschied, hängten unsere Gewehre um und machten uns auf den Weg. Die Rashid übernahmen die Führung, und ihre sonnengebleichten Gewänder harmonierten mit dem Sand: Al-Auf eine hagere, asketische Gestalt, sehr aufrecht; bin-Kabina, ein wenig fleischiger, stets an seiner Seite. Die beiden Bait Kathir folgten, mit dem Reservekamel an Musallims Sattel gebunden. Ihre ehemals weißen Kleider waren durch langen Gebrauch naturfarben geworden. Mabkhaut hatte die gleiche Statur wie al-Auf und ähnelte ihm in vielem, war allerdings keine so starke Persönlichkeit. Musallim, stämmig, ein wenig krummbeinig, ein zäher Bursche, war von ganz anderer Art. Er hatte ein weniger einnehmendes Wesen als meine übrigen Begleiter – zu viele Reisen nach Maskat und Salala hatten ihm den Charakter verdorben.

Beduinenleben

Überall sahen wir die gelben Blüten der Stachelnuß (Tribulus), dazu Heliotrop und eine Seggenart. In der östlichen Sandwüste sprießen selbst in Gegenden, die jahrelang Wüste gewesen sind, nach dem Regen überall Pflanzen, und wenn es wirklich schwer geregnet hat und danach auch nur noch ab und zu ein Schauer nachkommt, dann kann es bis zu vier Jahre lang grün bleiben. Nach zwei Stunden trafen wir auf einen kleinen Jungen, der, nur mit einem Fetzen als Lendenschurz bekleidet, Kamele hütete. Er gehörte zu den Rashid und führte uns zu ihrem Lager gleich in der Nähe. Drei Männer saßen an der letzten Glut des Feuers. Sie waren ausgesprochen munter und guter Dinge. Das Weideland war gut; ihre Kamele, von denen einige auch Milch gaben, würden bald fett sein. Nach ihren Maßstäben war es ein leichtes Jahr, auch wenn sie die Nächte halbnackt auf dem eiskalten Boden verbrachten. Doch es gab auch andere Jahre, und noch am Morgen hatte al-Auf mir erzählt, wie die Männer erschöpft zu den Brunnen zurückritten und mit blutigen, schwarz gewordenen Lippen von den Schrekken der Wüste sprachen, von der Einöde, wie ich sie auf dem Weg von Mughshin hierher gesehen hatte; von der Zeit, wo auch die letzten vertrockneten Pflanzen verschwunden waren und Menschen und Tiere, zum Skelett abgemagert, in den Sand sanken und starben. Ich dachte an die bitteren Wasserstellen in der Gluthitze des Sommers, wo Stunde um Stunde Männer ihre gierigen, durstigen Kamele tränkten, bis am Ende die Brunnen versiegten und die unverständigen Kamele nach Wasser brüllten, das nicht mehr da war. Mir ging durch den Kopf, wie entsetzlich hart das Leben der Beduinen in diesem trostlosen Land war und wie tapfer und ungebrochen sie es ertrugen. Die Milch, die sie am Abend mit uns teilten, tat gut, gerade wo uns von dem bitteren Wasser die Kehlen wund waren. Am Morgen gaben sie uns noch einen kleinen Schlauch Milch als Wegzehrung mit … Unsere Gastgeber wünschten uns eine friedliche Reise, und wir wünschten ihnen Gottes Segen. Zwischen hier und Dhafara würden wir keinen Araber mehr sehen.

Zunächst waren die Dünen einzelne Hügel aus ziegelrotem Sand, die sich aus der aschweißen Gipsebene erhoben, von leuchtendgrünen Salzsträuchern umgeben. Später wurden sie höher – 150 Meter und mehr – und honiggelb. Am Abend gab al-Auf jedem von uns einen halben Liter Wasser, gemischt mit Milch – unsere Ration für den Tag. Musallim hatte Brot gebacken, und nachdem wir es verzehrt

Festung und Wasserstelle Haiyaniya am Ostrand der Wüste Nefud, aufgenommen von Shakespear etwa 1911. Shakespears Aufnahmen von der arabischen Halbinsel in den ersten Jahren unseres Jahrhunderts sind von großem Wert, da sie den einzigen fotografischen Nachweis über den Aufstieg des Königshauses Saud und die Gründung Saudi-Arabiens darstellen.

hatten, nahm bin-Kabina den kleinen Kaffeetopf aus Messing vom Feuer und goß jedem von uns ein paar Tropfen ein. Wir legten mehr Holz aufs Feuer, die langen Wurzeln der Stachelnußpflanzen, die aussahen wie Schlangen; wir wärmten uns noch eine Weile und legten uns dann schlafen. Der kalte Wind, immer ein wenig sandig, fuhr uns in die Glieder. Ich fühlte mich wohl in der Gesellschaft dieser Männer, die sich aus freien Stücken entschieden hatten, bei mir zu bleiben; sie waren mir sympathisch und ebenso das Leben, das sie lebten. Doch auch wenn ich mich freute, daß wir uns so gut verstanden, machte ich mir doch nicht vor, ich könne einer der ihren werden. Aber ich war ein Reisegefährte, und ein unverletzliches Band bestand zwischen mir und ihnen; ein so heiliges Band, wie es zwischen Gast und Gastgeber bestand, heiliger als alle Pflichten gegenüber Stamm und Familie. Nun, wo ich ihr Reisegefährte war, würden sie mich sogar gegen Angehörige ihres eigenen Stammes verteidigen und erwarteten von mir, daß ich das gleiche auch für sie tun würde. Für mich war allerdings – das wußte ich wohl – die größte Gefahr, daß die Ungeduld mich übermannte und ich reizbar wurde; ich durfte mich weder in mich zurückziehen noch Dinge kritisieren, nur weil sie anders waren, als ich sie aus meinem eigenen Leben gewohnt war.

Am nächsten Morgen suchten wir einen grünen Flecken und ließen die Kamele für ein, zwei Stunden weiden. Bevor wir weiterzogen, sammelten wir ein paar Büschel Stachelnuß, mit denen wir sie am Abend füttern würden. Wir machten uns Sorgen wegen der Wasservorräte; sämtliche Schläuche waren porös geworden und hatten den ganzen Tag über getropft, was nichts Gutes verhieß. Wir konnten nur sehen, daß wir vorankamen; andererseits durften wir auch die Kamele nicht zu sehr schinden, sonst würden sie es nicht durchstehen. Schon jetzt war ihnen der Durst anzumerken. Wir aßen zu abend, doch al-Auf beschloß, daß wir danach weitermußten. Stundenlang ritten wir durch einen ausgetrockneten Salzsumpf. Die Dünen zu beiden Seiten wirkten im fahlen Mondlicht noch höher als am Tage. Schließlich hielten wir und stiegen ab, ganz benommen von dem langen Ritt. Ich hätte viel für etwas Warmes zu trinken gegeben, aber ich wußte, daß ich darauf noch achtzehn Stunden warten mußte. Wir zündeten ein Feuer an, wärmten uns und legten uns dann zum Schlafen nieder, doch ich konnte aufgrund der Entbehrungen nicht einschlafen.

Beim ersten Morgengrauen waren die anderen wach und drängten zum Aufbruch. Nach ein paar Minuten war auch ich soweit. Schweigend marschierten wir los. Die Augen tränten mir von der Kälte; die spitzen, zackigen Salzkrusten stachen mir in die Füße. Die Welt war grau und öde. Dann allmählich konnte ich im Dämmerlicht des Tagesanbruchs die Hügel am Horizont ausmachen. Fast unmerklich begannen sie zu schimmern, liehen sich das Licht der aufgehenden Sonne, das ihre Kämme berührte.

Turmhohe Dünen

Eine hohe geschlossene Dünenkette erstreckte sich vor uns wie eine Bergkette aus Gipfeln und dazwischenliegenden Pässen. Manche der Gipfel schienen mir mindestens zweihundertfünfzig Meter aus der Salzebene aufzuragen, auf der wir standen. Die uns zugewandte Flanke, an der Leeseite des vorherrschenden Windes, war sehr steil. Al-Auf ließ uns anhalten und ging allein weiter, um die Lage zu erkunden. Ich sah ihn bergauf stapfen, wie ein Bergsteiger, der sich durch lockeren Schnee kämpft – das einzige, was sich in der ganzen reglosen Landschaft bewegte. »Lieber Himmel, da werden wir die Kamele nie drüberbekommen«, dachte ich. Einige hatten sich hingekauert – ein schlechtes Zeichen. Bin-Kabina saß neben mir und putzte seine Flinte. »Werden wir die Kamele je über die Dünen bekommen?« fragte ich. Er strich sich das Haar glatt, blickte in die Ferne und antwortete: »Al-

Eine weitere Aufnahme von Shakespear aus dem Jahr 1913. Sie zeigt den Hafen der Stadt Kuwait (ehemals Qurein) am Persischen Golf. Kuwait, einst ein kleines Fürstentum im großen Osmanischen Reich, steht seit 1880 »unter britischem Schutz« und ist seit 1899 britisches Protektorat. 1961 machte sich das Land unabhängig.

Auf wird das schon machen.« Al-Auf kehrte zurück, rief »Weiter geht's!« und zeigte uns den Weg. Nun konnte er beweisen, was er gelernt hatte, und er wählte stets die Flanken, auf denen die Kamele sich halten konnten. Ganz langsam, immer nur in Halbmeterschritten, drängten wir die unwilligen Tiere bergan. Wind kam auf, und über uns konnten wir die aufgewirbelten Sandfahnen sehen. Endlich erreichten wir den Gipfel. Zu meiner Erleichterung sah ich, daß sich vor uns hügeliges Dünenland erstreckte. »Wir haben es geschafft!« jubilierte ich in Gedanken. »Wir haben die Uruk Al Shaiba bezwungen.«

Wir gingen weiter und hielten erst zum Füttern der Kamele, bei Sonnenuntergang. »Gott sei Dank, daß wir die Uruk Al Shaiba hinter uns haben«, sagte ich gutgelaunt zu al-Auf. Er blickte mich einen Moment lang an, dann antwortete er: »Wenn wir heute abend noch gut vorankommen, werden wir sie morgen erreichen.« Zuerst dachte ich, er mache sich über mich lustig. Es wurde Mitternacht, bis al-Auf sagte: »Laßt uns hier halten. Wir wollen ein wenig schlafen und den Kamelen Rast gönnen. Jetzt ist es nicht mehr weit bis zur Uruk Al Shaiba.« In meinen wirren Träumen dieser Nacht ragten die Sandberge hoch über uns auf, höher als der Himalaja.

Als al-Auf uns weckte, war es noch dunkel. Der Morgenstern war über den Dünen aufgegangen, und allmählich nahmen die gestaltlosen Dinge im ersten Licht des Tages wieder ihre Umrisse an.

Die Gebirgskette, die wir nun vor uns hatten, war so hoch wie die vorige, ein wenig höher vielleicht, doch die Berge waren steiler und markanter, und viele schwangen sich zu gewaltigen Gipfeln auf, mit elegant geschwungenen Kuppen, wie aus Stoff drapiert. Der Sand, heller als bei der vorigen Kette, war äußerst fein und floß uns um die Füße, als die Kamele sich mühsam emporquälten. Die Überquerung dauerte drei Stunden. Vom Gipfel blickten wir hinunter auf eine neue Salzebene, ein neues Tal mit weiteren Bergen dahinter. Wieder kam uns die nächste Kette höher vor als diejenige, auf der wir standen, und dahinter kamen weitere. »Noch so eine Düne werden unsere Kamele nicht überstehen«, dachte ich. Aber irgendwie schafften sie es doch. Dann sanken wir erschöpft in den Sand. Al-Auf gab uns ein wenig Wasser, damit wir uns den Mund anfeuchten konnten. »Das brauchen wir«, sagte er, »wenn wir noch weiterwollen.« Er wies hinüber zu den nächsten Bergketten. »Da müssen wir nicht mehr hinüber. Ich weiß einen Weg zwischen ihnen.« Wir marschierten weiter, bis es dunkel wurde, doch nun gingen wir nicht mehr gegen den Strich der Landschaft und kletterten über Dünen, sondern wir folgten ihrem natürlichen Lauf. Noch eine Düne hätten wir gewiß nicht mehr bewältigen können. Wir aßen, dann bestiegen wir wieder unsere Kamele und ritten bis lange nach Mitternacht; im Morgengrauen ging es weiter.

Ein Geschenk des Himmels

Am Morgen kam ein Hase aus einem Gebüsch gesprungen – al-Auf erlegte ihn mit einem Schlag seines Stockes. Bis drei Uhr nachmittags widerstanden wir der Versuchung, dann mußten wir ihn einfach essen. »Wir braten ihn im Fell«, schlug Mabkhaut vor, »dann sparen wir Wasser.« Alle murmelten Widerspruch, und bin-Kabina machte sich zum Wortführer. »Wir wollen Mabkhauts verbranntes Fleisch nicht. Wir wollen Suppe. Suppe und eine Extraration Brot. Heute wollen wir ordentlich essen. Liebe Güte, was habe ich einen Hunger!« Wir hatten die Uruk Al Shaiba bezwungen, und das wollten wir mit diesem Geschenk des Himmels feiern.

Bin-Kabina bereitete den Hasen zu, und dabei blickte er zu mir herüber und sagte: »Beim Duft dieses Fleisches, Umbarak, schwinden mir fast die Sinne.« Sie teilten das Fleisch und verlosten die Portionen. Das ist so üblich bei den Beduinen; sonst gäbe es oft hitzige Auseinandersetzungen, wenn jemand seine Portion nicht nehmen will,

Blick auf Mekka vom Bergkamm westlich des Tales nach Nordosten. Der Königspalast ist in der Bildmitte auszumachen, jenseits der Pilgerzelte. J. B. Philby nahm dieses Foto 1931 auf.

weil er glaubt, er habe mehr bekommen als die anderen. Nachdem der Hase verteilt war, sagte bin-Kabina: »Ich habe vergessen, die Leber zu teilen. Die geben wir Umbarak.« Ich zierte mich ein wenig, aber dann nahm ich sie doch an; ich war einfach zu hungrig. Kein Beduine hätte so etwas je getan.

Bis zum Brunnen von Khaba in Dhafara seien es noch drei Tage, erklärte al-Auf, aber er kenne eine andere Quelle nicht weit von hier; das Wasser sei brackig, aber die Kamele würden es vielleicht trinken. Wieder ritten wir bis tief in die Nacht, und das trotz einer totalen Mondfinsternis. Wieder ging es in aller Frühe weiter durch die hügelige Dünenlandschaft. Die Farben des Sandes waren kräftig und lebendig, und sie wechselten oft völlig unvermittelt – manchmal sah die Wüste aus wie gemahlener Kaffee, anderswo war sie ziegelrot, violett oder irritierend goldgrün.

Hier begegneten wir Hamad bin-Hanna, einem Scheich der Rashid. Er war einem verirrten Kamel nachgeritten, doch als er uns traf, gab er seine Suche auf und leistete uns Gesellschaft. Er erzählte uns, daß Ibn Sauds Steuereinnehmer in Dhafara seien, und riet uns, den Kontakt mit den Stämmen zu meiden, damit meine Anwesenheit nicht bekannt würde. Ich hatte ja keine Lust, mich verhaften zu lassen und dann Ibn Jalawi, dem furchteinflößenden Gouverneur der Hassa, erklären zu müssen, was ich hier zu suchen hatte. Andererseits durfte auch niemand auf die Idee kommen, daß wir Wegelagerer waren, denn anständige Reisende ziehen niemals an einem Lager vorbei, ohne Neuigkeiten auszutauschen und dessen Gastfreundschaft anzunehmen. Es würde nicht leicht für mich sein, unentdeckt zu bleiben. Zwei Tage darauf erreichten wir den Brunnen von Khaba, am Rande von Dhafara. Das Wasser war hier nur noch ein klein wenig brackig, eine Delikatesse nach den üblen Resten aus unseren Schläuchen, die wir am Vorabend getrunken hatten. Wir waren an einer weiteren Wasserstelle vorübergekommen, doch nicht einmal die durstigen Kamele wollten das bittere Zeug trinken. Hier soffen sie einen Ledereimer nach dem anderen aus. Ich habe von Gelegenheiten gehört, bei denen ein durstiges Kamel 120 Liter Wasser getrunken hat.

Am Ziel der Reise

Am Abend machte bin-Kabina einen Extrakaffee, und Musallim nahm einen Becher Mehl mehr für unser Brot. Das war die reine Völlerei, doch auch so konnten wir unseren Hunger nicht stillen, nun wo der Durst gelöscht war. Der Mond stand hoch über uns, als ich mich schlafen legte. Die anderen saßen noch am Feuer und redeten, doch ich wollte nicht mehr hören, was sie sagten, sondern lauschte nur noch dem Murmeln der Stimmen und betrachtete ihre Silhouetten, wie sie sich vor dem mondhellen Himmel abzeichneten. Ich war glücklich, daß sie da waren, und ebenso glücklich war ich über die Kamele, die in der Ferne auszumachen waren und denen wir es zu verdanken hatten, daß wir noch am Leben waren.

Ich hatte die Rub al-Khali durchquert. Vierzehn Tage war es her, seit wir die letzte Quelle bei Khaur bin-Atarit hinter uns gelassen hatten. Anderen würde meine Reise nichts bedeuten. Das einzige, was sie hervorgebracht hatte, war eine nicht einmal allzu genaue Karte, die wahrscheinlich nie wieder jemand benutzen würde. Es war ein persönliches Erlebnis, und zur Belohnung hatte ich einen Trunk klaren, reinen Wassers bekommen. Mir war das genug.

Die undatierte Fotografie *(gegenüber)* zeigt einen Türken mit Pistolen und gezücktem Säbel. Den Türken eilte der Ruf voraus, ein kriegerisches Volk zu sein, seit ihre Vorfahren, die mongolischen Hunnen, im dritten Jahrhundert weite Teile des asiatischen Kontinents erobert und dabei Angst und Schrecken verbreitet hatten.

Eine frühe Fotografie, aufgenommen um 1866 von A. Davis, zeigt den Marktplatz von Bethlehem *(oben)*. Damals gehörten Bethlehem und Südpalästina zum Osmanischen Reich, doch mit dem Ersten Weltkrieg gingen vierhundert Jahre Türkenherrschaft zu Ende. Die Briten vertrieben die Türken und erklärten die Region zum britischen Mandatsgebiet.

Ein Haus in der Stadt Dschidda (Hedschas-Region am Roten Meer), mit den für die arabische Architektur typischen, *Muscharabie* genannten Balkonerkern *(gegenüber)*. L. Naretti und G. P. Devey nahmen das Bild 1901 auf, als das Königreich der Hedschas eine *Vilayet* (Provinz) der Türkei war.

Moscheen, Minarette, Paläste und Wohnhäuser säumen die Ufer des Bosporus auf dieser 1880 entstandenen Aufnahme Konstantinopels (dem heutigen Istanbul) von R. H. Brown. Das Bild zeigt Foundaukli und den Dolmabahçe-Palast, beide in der Altstadt auf der europäischen Seite des Bosporus gelegen. Seinerzeit war Konstantinopel die Hauptstadt des im Niedergang begriffenen Osmanischen Reiches.

Die Ruinen des Sassanidenpalasts (hier der *Liwan*, das gewölbte Tor zum Thronsaal) in Ktesiphon bei Bagdad, im Nordosten des damaligen Persiens gelegen. Die 1901 entstandene Fotografie *(oben)* vermachte Sir J. B. Goldsmid der Royal Geographical Society. Ktesiphon war ursprünglich die Winterresidenz der Partherkönige, deren Reich um 248 v. Chr. entstand. 226 n. Chr. wurde das auf kreisförmigem Grundriß errichtete Ktesiphon von den Sassaniden erobert.

Die Yeni-Valide-Moschee, Konstantinopel (das heutige Istanbul), aufgenommen etwa 1880 *(gegenüber)*. Von Minaretten wie diesem hallt der Ruf des Muezzins seit mehr als 500 Jahren über die Stadt.

Gefangene, mit schweren Ketten aneinander gefesselt. Das Bild entstand 1903 in Birdschand im Osten Persiens (heute Iran). Birdschand liegt in der Provinz Khorasan, nahe der afghanischen Westgrenze, einer seit altersher umkämpften Region. Die meisten Bewohner gehören zum Nomadenvolk der Tschahar-Aimaq, die immer wieder in Auseinandersetzungen rivalisierender Stämme verwickelt sind und die den Persern seit jeher als lebender Schutzwall bei Angriffen gegen die Nordost-Grenze dienen.

Auf diesem Bild von L. Naretti und G. P. Devey, datiert 1901, errichten Pilger ihre Zelte im Königreich Hedschas (heute ein zu Saudi-Arabien gehörender Landstrich am Roten Meer). In Hedschas liegt die heilige Stadt *Makkah* (Mekka), Geburtsort des Propheten Mohammed, den jeder Muslim einmal in seinem Leben aufsuchen muß.

Der Mann, der König werden sollte: Ibn Saud, Sohn des Abd ar-Rahman, in einer Aufnahme von W. I. Shakespear aus dem Jahre 1911 *(gegenüber)*. Ibn Saud entstammte der Herrscherdynastie des Sultanats Nedschd und erhob nach einer Zeit des Exils im Jahre 1902 Ansprüche auf den Thron seines Landes. Im Laufe der nächsten 24 Jahre brachte er ganz Arabien einschließlich des westlichen Hedschas unter seine Herrschaft. Als Nedschd und Hedschas 1932 zu Saudi-Arabien vereinigt wurden, war Ibn Saud der erste König des neuen Landes.

Auf einem Floß aus aufgeblasenen Bälgen überquert eine Delegation von Häuptlingen der Bachtiaren den persischen Fluß Karun, aufgenommen 1924 von E. B. Schocksack *(oben)*. Die nomadischen Bachtiaren, die im Zagrosgebirge im Westen des Irans leben, vereinen Stämme von verschiedener ethnischer Herkunft. Die Bachtiaren sind stolz auf unterschiedliche Stammeszugehörigkeiten und eigene Traditionen und haben sich unter der Herrschaft lokaler Häuptlinge jahrhundertelang ihre Unabhängigkeit bewahren können.

Die englische Reisende Freya Stark im Dschabal Ad Drus im südlichen Syrien, 1928. Die 1893 geborene Schriftstellerin brach, nachdem sie Arabisch gelernt hatte, 1927 zu ihrer ersten Reise in den Nahen Osten auf. Ohne Begleitung drang sie in Gegenden vor wie Luristan, eine Bergprovinz im westlichen Iran, und auf die abgelegene Hochebene Hadramaut im Südjemen. Sie hielt ihre Erlebnisse in Fotografien und zahlreichen Büchern fest, von denen *The Valley of the Assassins* (Im Tal der Mörder, 1934), *The Southern Gates of Arabia* (Die Südtore Arabiens, 1936) und *A Winter in Arabia* (1940) die bekanntesten sind.

Eine Straßenszene in Riad (*gegenüber*), einst Hauptstadt des Sultanats Nedschd. Zu sehen sind einige Männer im Schatten der Häuser, jenseits der hohen, glatten Stadtmauer. G. W. R. Rendel machte diese Aufnahme 1937, nur fünf Jahre nachdem Nedschd und Hedschas sich zum neuen Königreich Saudi-Arabien vereinigt hatten, dessen Hauptstadt Riad war.

Porträt eines Jungen, aufgenommen 1947 in Saudi-Arabien von Wilfred Thesiger *(gegenüber)*.

Eine weitere Aufnahme Thesigers, entstanden auf einer Expedition in den Jahren 1950–54, bei der er das Sumpfland des südlichen Iraks erforschte *(oben links)*. Das Bild zeigt die erste Phase beim Bau eines *Mudhif*, eines traditionellen Bauwerks der arabischen Bewohner dieser Gegend. Der Bau beginnt mit zwei Säulenreihen, wobei die Säulen aus Hunderten zusammengeschnürter Schilfrohre bestehen, die im dortigen Marschland wachsen. Eine solches Säulenbündel kann einen Umfang von zweieinhalb Metern haben.

Das Innere des fertigen *Mudhif (oben rechts)*. Man sieht, wie die Schilfsäulen oben zu Bögen zusammengefügt und die Zwischenräume mit geflochtenen Schilfmatten ausgefüllt wurden. Die *Mudhifs* sind die Gemeindezentren der Dörfer: Hier kommen die Bewohner zusammen, hier werden die Gäste bewirtet, und hier tagen die Dorfältesten.

Die *Mudhifs* stehen im größten Sumpfland der Erde, wo Euphrat und Tigris sich vereinen und in den Persischen Golf münden. Im Mai, als diese Aufnahme eines *Mudhif* an der Lagune Haur Al Hammar entstand, erreichen die Fluten ihren Höchststand. Die Luftfeuchtigkeit ist in dieser Region so enorm, daß die mächtigen Schilfhäuser, die bis zu fünfzehn Meter lang und viereinhalb Meter hoch und breit sein können, alle zehn Jahre erneuert werden müssen. Das Bild nahm Wilfred Thesiger bei seiner Expedition der Jahre 1950–54 auf.

Blick von den Ruinen einer arabischen Burg hinunter auf die antike Stadt Palmyra *(gegenüber)*, eine Aufnahme von Sir Peter Holmes. Palmyra, in einer Oase in der syrischen Wüste etwa 240 km südwestlich von Damaskus gelegen, erlebte seine Blütezeit um das Jahr 300 v. Chr., wurde jedoch nach einem fehlgeschlagenen Aufstand der Königin Zenobia 272 n. Chr. von den Römern zerstört. Die eindrucksvollen Ruinen sind bis heute geblieben. Das inzwischen an dieser Stelle liegende Dorf Tadmur greift den biblischen Namen Palmyras auf, Tadmor.

Die Fotografie von Sir Peter Holmes zeigt einen Palast aus dem 18. Jahrhundert hoch oben im Ararat-Hochland, Türkei. Von hier aus kontrollierten die Herrscher Ostanatoliens die unten gelegene Seidenstraße *(oben)*.

Die Kalksinterterrassen von Pamukkale, Südwesten der Türkei, im Sonnenlicht – eine Aufnahme von Chris Caldicott. Die Erosion hat auf den Stufen der schwefelhaltigen Felsen dieses Hochplateaus natürliche Wasserbecken entstehen lassen. Die Einmaligkeit des Ortes hat Pamukkale zu einer Touristenattraktion gemacht, die Besucher baden im salzigen Wasser.

Ein Blick von den grünen Hügeln des nordöstlichen Irans hinüber nach Turkmenistan, aufgenommen von Paul Harris 1996. Dies ist seit altersher das Weideland der Turkmenen. Einst ein Nomadenvolk, sind die Turkmenen heute größtenteils seßhaft geworden, doch manche nehmen zumindest für einen Teil des Jahres die alten Gebräuche wieder auf, verlassen ihre Häuser, leben in Zelten und ziehen mit ihren Ziegen- und Schafherden auf der Suche nach gutem Weideland durch das Land.

Der Siq, eine langgestreckte und zunehmend enger werdende Schlucht, bildet den Zugang zur antiken Felsenstadt Petra, von der man auf Chris Caldicotts Foto ein Blick erhascht *(oben links)*. Die Stadt, südlich des Toten Meeres im heutigen Jordanien gelegen, war bis ins zweite Jahrhundert die Hauptstadt des Nabatäerreiches. Von den Römern erobert, von Arabern zerstört, lag sie jahrhundertelang vergessen, bis der Schweizer Reisende Johann Ludwig Burckhardt sie 1812 wiederentdeckte.

Auf Patrick Syders Aufnahme *(oben rechts)* halten zwei beduinische Wüstenpolizisten mit dem traditionellen weiß-roten Kopftuch und khakifarbener Uniform Wache in Petra.

Das Felsengrab el-Chasne – die sogenannte Schatzkammer – ist das erste Gebäude, das der Besucher erblickt, wenn er aus dem Siq heraustritt, hier in einer Frontalaufnahme von Dr. Stephen Coyne *(gegenüber)*. Petra ist ganz aus rotem Sandstein gehauen, und der Dichter John Burgon prägte das Wort »O Rosenstadt, halb so alt wie die Zeit«.

Die antike Stadt Habban, aufgenommen im Licht der untergehenden Sonne von Patrick Syder. Habban war einst das Zentrum jüdischen Lebens im Jemen, mitten im einstigen Kernland der Araber auf der arabischen Halbinsel. Die Sephardim – Juden, die in der Zeit der Diaspora von Palästina aus in die arabische Welt und ostwärts nach Asien zogen – erfuhren vom Islam mehr Toleranz als von den Christen Europas.

Ein Blick vom Gipfel des Aretain, eines erloschenen Vulkans im Nordosten Jordaniens, über die Wüste (*Badia*), die große Teile des Landes bedeckt. Chris Caldicott nahm das Bild 1996 im Zuge des Jordan Badia Research and Development Programme auf, eines Programms zur Erforschung und Entwicklung der jordanischen Wüste, das die Royal Geographical Society zusammen mit der jordanischen Regierung betreibt.

Blick über die Dünen der Wahiba-Wüste, Oman, über das Tal des Wadi Al Batha kurz nach einem schweren Unwetter *(oben)*. Aufgenommen von Nigel Winser 1986 im Zuge des Oman Wahiba Sands Project, das die Royal Geographical Society 1985–87 zusammen mit der Regierung von Oman betrieb. Das Projekt diente geomorphologischen Studien über die Frühphase der Entwicklung der Wüste und ihres Ökosystems sowie die Auswirkungen jüngster Umweltveränderungen auf ihre Bewohner.

Der Felsenpalast Dar al-Hadschar im Wadi Dhahr, Jemen, aufgenommen von Chris Bradley 1990 *(gegenüber)*. Dieser befestigte Bergturm im klassischen Stil wurde in den 1930er Jahren auf dem Fundament einer älteren Siedlung als Sommerpalast für den Iman Jahja errichtet.

Australasien

Das unbekannte Südland

Christina Dodwell

DIE EIGENTLICHEN ENTDECKER AUSTRALASIENS waren prähistorische Abenteurer und Völker, die in der Folge der Wanderungen der letzten Eiszeit vom asiatischen Festland aufbrachen.

Als die Gletscher sich immer weiter ausbreiteten, wichen die Menschen vor ihnen zurück, stießen dabei auf andere Völker und drängten sie vor sich her in Richtung Küste, so daß den Vertriebenen am Ende nichts anderes übrigblieb, als auf das Meer hinauszufahren. Prähistorische Funde lassen darauf schließen, daß einige dieser Auswanderer um das Jahr 300 n. Chr. Samoa, die Marquesasinseln und Tahiti erreicht hatten.

Der erste Europäer, von dem wir wissen, daß er Südostasien bereiste, war Marco Polo, der im 13. Jahrhundert auf dem Seeweg aus China nach Europa zurückkehrte. Er segelte entlang der Malaiischen Halbinsel und landete auf Sumatra, wo schlechte Wetterbedingungen sein Schiff fünf Monate lang festhielten. Im Tagebuch des Jahres 1292 berichtet Marco Polo von seinen Reisen durch Sumatra und schreibt auch über benachbarte Inseln. Arabische Seefahrer liefen die Häfen an der Nordküste von Java an (den Süden der Insel bekamen sie nie zu Gesicht) und hielten es für die größte Insel der Welt.

Etwa um die gleiche Zeit drang eine Reihe von Franziskanermönchen tief ins Innere Asiens vor, und auch sie kehrten oft auf dem Seeweg durch Südostasien zurück und hielten ihre Erlebnisse in Reiseberichten fest. Einer der besten Reiseschriftsteller des Mittelalters war Varthema von Bologna, der mehrere Jahre in Südostasien verbrachte und dessen erstes Buch im Jahre 1510 erschien und Ausgaben auf Latein, Englisch, Französisch, Deutsch, Spanisch und Niederländisch erlebte.

Zu Beginn des 17. Jahrhunderts unterhielten mehrere europäische Länder Handelsposten in Südostasien. So wurde 1599 die englische East India Company gegründet, die England mit Tee und Gewürzen aus dieser Region belieferte. Der Wettbewerb war hart: Alljährlich zur Erntezeit drängten sich die Schiffe in den Häfen, wurden in fieberhafter Eile beladen und wetteiferten darum, wer als erster mit der kostbaren Fracht wieder in der Heimat anlangte.

EIN SAGENHAFTER KONTINENT

All das führte dazu, daß Südostasien den Europäern schon vor fünfhundert Jahren wohlvertraut war, obwohl die Seefahrer sich nicht weiter vorwagten als bis zu den gewinnverheißenden Gewürzinseln (Molukken). Alles, was jenseits davon lag, galt als gefährlich und schien keinen leichten Gewinn zu versprechen, und außerdem waren die Navigationsinstrumente der Schiffe noch sehr unzureichend. Doch der Druck des Marktes war unerbittlich, und so folgten weitere Entdekkungsreisen. Und im Süden gab es noch viel zu entdecken: Australien, Neuseeland, Neuguinea, Ozeanien und die Inseln im Südpazifik.

In Europa hielt sich schon seit Jahrhunderten hartnäckig das Gerücht von einem gewaltigen Kontinent im südlichen Meer. Es war ein Gebot der Logik, daß es dort im Süden eine große Landmasse geben müsse, quasi als Gegengewicht zu den bekannten Kontinenten und Küsten von Europa, Asien, Afrika und Amerika. Dieser südliche Kontinent wurde als *terra australis incognita* (»unbekanntes Südland«) bezeichnet; das heutige Australien umfaßt nur einen Bruchteil der damals angenommenen Landmasse.

Eine Reihe von Abenteurern begab sich auf die Suche nach diesem sagenhaften Kontinent der Südhalbkugel: Im Jahr 1567 war es der Spanier Mendaña, begleitet von seinem Landsmann Quirós; 1615 die Niederländer Le Maire und Schouten; 1639 der ebenfalls aus den Niederlanden stammende Tasman; 1766 der Franzose Bougainville, der im gleichen Jahr in See stach wie der Engländer Wallis; schließlich folgten Dampier, Cook, Bligh und andere. Frühe Begegnungen mit der einheimischen Bevölkerung verliefen in den seltensten Fällen har-

Weizenernte in Cannings Down bei Warwick, Queensland, aufgenommen in den 1890er Jahren von J. P. Thompson. Der Weizenanbau im großen Stil begann in Australien in den 1860er Jahren, und bis zum Ende des Jahrhunderts hatte sich die Anbaufläche bereits verfünffacht.

monisch: Beim ersten Zusammentreffen von Mendaña und seinen Männern mit den Einwohnern der Marquesasinseln kam es zu einem Kampf, in dessen Verlauf 200 Insulaner getötet wurden; in der Folgezeit wurden viele Einheimische mit der Syphilis infiziert. Als nächstes legte Mendañas Schiff in Santa Cruz an, wo die Mannschaft ein noch schlimmeres Massaker anrichtete. Mendaña ließ die Rädelsführer hinrichten und provozierte damit eine Meuterei. Als sich das Jahr dem Ende zuneigte, war Mendañas Schiff schwer beschädigt gesunken und er selbst sowie ein Großteil der Besatzung gestorben – an Krankheiten oder Hunger. Die meisten Expeditionen waren erfolglos; sie verfehlten nicht nur das Ziel, das sagenhafte Südland zu finden, sondern waren nicht einmal in der Lage, Inseln wiederzufinden, die zuvor bereits entdeckt worden waren. Aber immer wurde alles, was man fand, neu benannt; immer wurden erneut Besitzansprüche erhoben.

Wurde eine Insel »entdeckt«, so bedeutete das für die Einheimischen, daß bewaffnete Fremde offiziell Besitz davon ergriffen und als Zeichen ihres Herrschaftsanspruchs am Strand ihre Flagge hißten. Aber die Insulaner waren keine wehrlosen Opfer. Instinktiv verteidigten sie ihr Territorium, und es gab viel Blutvergießen. Sie waren durchaus kampferprobt: In den Kriegen, die sie untereinander ausfochten, waren Menschenopfer und Kannibalismus keine Seltenheit. Die Wildheit der neuseeländischen Maori, die die meisten Landungstrupps angriffen, machte die Kontaktaufnahme äußerst schwierig. Kapitän Cook versuchte mit den Maorihäuptlingen Freundschaft zu schließen, indem er einige Maori entführte und sie beschenkte und gastfreundlich behandelte, doch auch diese Taktik führte zu nichts.

In der Ära Cooks, dem großen Zeitalter europäischer Entdeckungsfahrten, bildete sich in ein neuer Typus dieser Unternehmungen heraus: Sie waren staatlich finanziert und verfolgten wissenschaftliche und politische Ziele zugleich. Dank der Entwicklung neuer, verbesserter Navigationsinstrumente Mitte des 18. Jahrhunderts war es fortan möglich, einen Kurs exakt zu berechnen und Inseln mit einiger Genauigkeit zu kartieren.

Die letzten grossen Seefahrer und Entdecker

Cook war ein leidenschaftlicher Entdecker mit einem ausgeprägten Hang zur wissenschaftlichen Präzision. Seine Reise von 1768 galt zum einen der Suche nach dem sagenhaften »Südland«, zum anderen sollte er auf Tahiti den Durchgang des Planeten Venus beobachten; die Unternehmung war richtungweisend, denn an Bord befand sich eine große Delegation von Wissenschaftlern: Astronomen, Kartographen, Naturkundler und Künstler. Einer von ihnen war Sir Joseph Banks, der sich bei seinen natur- und völkerkundlichen Studien nicht auf das reine Beobachten beschränkte, sondern auch Experimente anstellte; die Insulaner beobachteten ihrerseits die Europäer. Diese letzte Phase der britischen Entdeckungsfahrten ging zu Ende, als die erforderlichen Schiffe nicht mehr zur Verfügung standen. Mit Ausbruch des Amerikanischen Unabhängigkeitskrieges wurden sie anderswo gebraucht.

Australien ist geologisch gesehen der älteste Kontinent. Es löste sich schon vor hundert Millionen Jahren von der Landmasse des Urkontinents. Die Aborigines gehören einer eigenständigen Menschenrasse an, die nicht mit anderen Völkern verwandt ist, in ihren physischen Merkmalen jedoch Ähnlichkeiten zu fossilen Funden der prähistorischen Bewohner von Java aufweist. Damit scheint sich die Theorie zu bestätigen, daß die ersten Australier einer frühen Bevölkerung angehörten, die im Vorfeld der Eiszeit vom asiatischen Festland verdrängt und von Java aus zur Abwanderung gezwungen wurde.

Einige der frühen Entdecker kannten Teile der australischen Küste, ohne jedoch zu wissen, daß dahinter ein ganzer Kontinent lag. Die fruchtbare Ostküste wurde erst 1770 von Captain Cook kartogra-

Die Rawkawa-Fälle am Mangawhero River, Neuseeland (Nordinsel), auf einer Fotografie A. S. Waleys vom Anfang des Jahrhunderts. Der Mangawhero entspringt am Ruapehu, einem aktiven Vulkan, der heute ein beliebtes Feriengebiet ist.

phisch erfaßt. Schon 1787 waren die ersten Sträflinge auf dem Weg nach Australien.

Im Jahr 1801 umsegelte der britische Seefahrer Matthew Flinders den ganzen Kontinent, und 1840 gelang Edward Eyre die erste Ost-West-Durchquerung Australiens. Eyre war den Aborigines durchaus wohlgesonnen und achtete ihre Kultur. Außerdem berichtete er von Naturwundern: von der gewaltigen Kuppel des Ayers Rock und von den erstaunlichen Bauten der Termiten, die wie Türme und Zinnen in der endlosen Ebene emporragten.

Doch Eyres Reise war erst der Anfang. Die Royal Geographic Society hat im Laufe der Zeit eine stattliche Anzahl von Goldmedaillen an verdiente Australienforscher verliehen – Eyre, Strezelecki, Stuart, Brooke, Burke und Wills (der nach der Durchquerung des australischen Kontinents starb), Gregory, Warburton, Forrest, Giles und Thomson leisteten allesamt wertvolle Beiträge zur Kartierung des Landesinneren.

Das Interesse späterer Forscher galt verstärkt den Bewohnern und der naturgeschichtlichen Entwicklung des Landes. Beatrice Grimshaw verbrachte einen Monat auf der Insel Malekula (heute Teil von Vanuatu) und schrieb über die dortigen Trommelidole und Totenmasken sowie über den Brauch, die Köpfe von Kleinkindern zu bandagieren, damit der Schädel die Form eines spitz zulaufenden Kegels bekam. Eines von Beatrice Grimshaws Abenteuern war die Besteigung des tätigen Vulkans auf der Insel Tana, wo man am Kraterrand stehen und in den brodelnden, rotglühenden Schlund hinabschauen kann. Außerdem unternahm sie eine Reihe von Tauchausflügen in einem frühen Taucheranzug, bei dem die Atemluft noch über einen Schlauch von der Wasseroberfläche aus zugeführt wurde.

Die meisten Frauen, die damals den Südpazifik bereisten, waren allerdings weniger wagemutig. Evelyn Cheeseman, eine der bedeutendsten Forscherinnen der viktorianischen Ära, verbrachte zwölf Jahre mit dem Studium der Insektenwelt in der Südsee. Damals standen einer Frau nur wenige Berufe offen. Evelyn widmete sich der Entomologie (Insektenkunde), arbeitete zeitweise in der Insektenabteilung des Londoner Zoos und hatte Anfang des Jahrhunderts Gelegenheit, sich einer zoologischen Expedition in den pazifischen Raum anzuschließen. Danach verbrachte sie ein Jahr in Malekula und ein weiteres in Neuguinea, wo ihr auch die auf den ersten Blick so furchterregenden Eingeborenen mit Respekt begegneten, denn sie behandelte sie zuvorkommend und zeigte ein ehrliches Interesse, von ihnen zu lernen. Als Evelyn Cheeseman mit 42 000 Insekten – viele davon noch unbekannt – von ihren Reisen zurückkehrte, wurde sie mit dem Order of the British Empire, einem hohen Verdienstorden, ausgezeichnet; trotzdem ist sie heute nahezu vergessen.

Die Entdeckung des Paradieses

Das Landesinnere von Neuguinea wurde erst vor relativ kurzer Zeit, in den dreißiger Jahren unseres Jahrhunderts, erforscht. Davor waren nur die Küsten bekannt und hatten Siedler angelockt, die Kokosplantagen anlegten.

Im Südosten der Insel waren Goldsucher auf vielversprechende Goldvorkommen gestoßen. Doch das Landesinnere galt als ein einziges unwirtliches, naßkaltes Gebirgsmassiv. Erst zu Beginn der 1930er Jahre unternahmen zwei abenteuerlustige australische Goldsucher, Michael Leahy und Michael Dwyer, einen ersten Vorstoß ins Landesinnere, und was sie auf dieser und späteren Reisen fanden, bei denen sie den Zugang zum Wahgi-Tal entdeckten, war eine Sensation.

Das Landesinnere bestand nämlich nicht aus einem zusammenhängenden Gebirgsmassiv, sondern es fand sich zwischen zwei parallel verlaufenden Bergketten eine unberührte Welt mit fruchtbarem,

Auf dem Gipfel des Tutoko, Neuseeland. Am 24. März 1924 bestiegen Peter Graham und Samuel Turner als erste den 2756 Meter hohen Berg.

hügeligem Grasland und fruchtbaren Tälern. Das Klima war mild, wie ewiger Frühling, und es gab keine Moskitos – ein wahrer Garten Eden. Die Landwirtschaft war bestens organisiert: Durch die Felder, auf denen Jamswurzeln, Taro, Bohnen und Zuckerrohr in ordentlichen Reihen gediehen, verliefen Entwässerungsgräben, und die Bewohner dieses Paradieses lebten in palisadenumzäunten Häusern. Es war eine steinzeitliche Kultur. Die Menschen trugen nichts als einen Lendenschurz aus Rindenfasern und einem Bündel Blätter; als Kopfschmuck dienten den Männern die Federn der Paradiesvögel.

Da diese Gegend erst so spät erforscht wurde, gibt es eine Reihe von Fotos und Filmen, die die erste Begegnung der Hochlandbewohner mit den Fremden festhalten. Beide Gruppen waren gleichermaßen fasziniert: Die Hochlandbewohner bestaunten die moderne Ausrüstung der Neuankömmlinge, vor allem, als ein Erkundungstrupp ein Grammophon mitbrachte.

Auf den Spuren früherer Entdecker

Nach einem dreimonatigen Aufenthalt auf dem südostasiatischen Festland folgte ich im Jahr 1980 der Route, die auch einige der ersten Reisenden und Entdecker in dieser Region eingeschlagen hatten. Ich reiste zunächst während der Thaipusam-Festlichkeiten zur Südspitze der Malaiischen Halbinsel, arbeitete mich dann von Insel zu Insel ostwärts durch Indonesien vor und erlebte dabei eine Reihe von Opferzeremonien und Bestattungsritualen mit. Ich genoß die Feste, die Musik der Gamelan-Orchester und die reichverzierten Tempel vor einer Kulisse aus glitzernden, geschwungenen Reisterrassen, aber der Gedanke, daß der Tourismus an die Stelle der Entdeckungsreisen getreten war, bedrückte mich doch auch.

Von Java fuhr ich mit einem Frachter ostwärts und schlug mein Lager an Deck auf, Seite an Seite mit zahlreichen Siedlerfamilien auf dem Weg in ihre neue Heimat, nach Timor oder Irian Jaya (wie der Ostteil der Insel Neuguinea offiziell heißt). Diese Völkerwanderung wurde von der indonesischen Regierung betrieben, und meine Reisegefährten waren überwiegend Kleinbauernfamilien, die dem Druck einer Bevölkerung von 80 Millionen wichen und aus Java auswanderten. Einige von ihnen halten auch heute noch Java für die größte Insel der Welt; obwohl ich auch mit einem sprach, der mir sagte, es sei ein Schock für ihn gewesen, als er erkannt habe, wie klein Java in Wirklichkeit ist.

In Kupang nahm das Schiff noch 800 Rinder an Bord; sie wurden später mit Hilfe von Netzen von Bord gehievt und ihren neuen Eigentümern in Timor und Irian Jaya übergeben: Jede Familie erhielt ein Tier. Ich selbst ging in Jayapura von Bord. Es war die Endstation meiner Reise – weiter fuhr kein Schiff.

Zehn Jahre später, im Jahr 1990, reiste ich mit einem ozeanographischen Forschungsschiff in den Südpazifik, in die Inselwelt von Vanuatu, wo seinerzeit Mendañas Schiff gesunken war. Dort stieß ich auf die Spuren eines weit jüngeren Konflikts. Ich sah die Wracks des Zweiten Weltkriegs, ein abgestürztes Kampfflugzeug im tiefsten Dschungel, Strände mit verrosteten Landungsfahrzeugen und Artilleriegeschützen, und an einem anderen Strand entdeckte ich, fein säuberlich aufgereiht, einige rostige Panzer.

Unser Forschungsschiff hatte Tauchgerät an Bord, und so wagte ich mich nach einigen Tauchversuchen an Korallenriffen hinunter zum Wrack des amerikanischen Kriegsschiffs »President Coolidge«, das in vierzig Metern Tiefe ruht. Eine Mine hatte den Truppentransporter seinerzeit versenkt. Noch immer liegen Gewehre und Helme verlassen an Deck und geben dieser spektakulären Entdeckungsreise unter Wasser eine noch unheimlichere Note.

Bei den Stämmen der Namba auf der nahegelegenen Insel

Kamele in Südaustralien, aufgenommen von V. C. Scott O'Connor in den 1920er Jahren. Kamele waren Mitte des 19. Jahrhunderts in Australien eingeführt worden und waren bis in die 1940er Jahre ein wertvolles Transportmittel in den Wüstengebieten.

Malekula sind viele der alten Traditionen bis heute lebendig geblieben. So trug mein Führer ein Penisfutteral aus Bananenblättern, und auf unserem Weg landeinwärts kamen wir an einem »lebenden Stein« vorbei, auf dem die Körper der Toten zum Verwesen abgelegt wurden, damit ihr Geist die Freiheit erlangen konnte, und mit leeren Augenhöhlen starrten ihre Schädel in den Wald. Wir waren auf dem Weg zu einem Fest der Toten; es fand statt auf einer gesäuberten Lichtung, gesäumt von Ziersträuchern und hohen, aufrecht stehenden, gespaltenen Trommelidolen aus Holz. Aus den Reihen der Tänzer erschallte ein immer lauter werdender, monotoner Gesang, der, begleitet von dem kraftvollen Stampfen der Füße, den Segen der Ahnen erbitten sollte.

Eine Kuriosität

Auch heute noch gibt es Teile von Papua-Neuguinea, in die sich nur selten ein Fremder verirrt. In dem Jahr, als ich diese Gegenden durchwanderte, behandelte man mich mehr als Kuriosität denn als Bedrohung. Die Bewohner mancher abgelegenen Gebiete hatten noch nie eine weiße Frau gesehen. Wenn ich eine Hütte betrat, begrüßte ich zuerst die Männer per Handschlag, danach die Frauen, die mich anschließend baten, die Kinder zu berühren – und die schrien vor Entsetzen.

Im südlichen und westlichen Hochland von Papua-Neuguinea trugen die Männer, denen ich begegnete, gewaltige Perücken aus Menschenhaaren: Die Alltagsperücken waren mit Farnblättern geschmückt, die aufwendigeren Perücken für besondere Anlässe mit wunderbaren Paradiesvogelfedern. Gesichtsbemalung war ebenso üblich wie Nasenschmuck – in Gestalt eines durch das Organ gebohrten Strohhalms oder Eberzahns.

Einige Jahre nach dieser Wanderung kehrte ich nach Papua-Neuguinea zurück – genauer gesagt ins Wahgi-Tal – , um für die BBC einen Film über eine Floßreise auf dem Wahgi-Fluß zu drehen. Eines der drei Flöße schlug gleich am ersten Tag in einer Stromschnelle um, und einige von uns trugen Blessuren davon. Der Fluß wurde von Tag zu Tag reißender; ein paar Tage später schlug mein Floß in einer Stromschnelle um, und kurz darauf geriet das andere in einen riesigen Strudel und kenterte.

Das war der Punkt, an dem die Fernsehleute aufgaben – sie hatten genug. Für mich war das nicht gerade das, was ich mir unter einer Forschungsreise vorgestellt hatte – obwohl es einige unvergeßliche Augenblicke gab, in denen wir am Flußufer lagerten und in den Wasserfällen namenloser felsiger Nebenflüsse badeten. Nicht weit von jenem Tal stieß ich bei einer anderen Expedition inmitten der bewaldeten Kalkfelsen unter einem Felsvorsprung auf eine Reihe von Mumien aus den 1940er Jahren, die in Körben an der Klippe lehnten. Sie waren im Rauch getrocknet und federleicht, mit Haut wie Pergament.

Wenn ich zurückblicke auf meine eigenen Reisen und die Fahrten anderer Forscher, dann fällt mir auf, wie sehr sich die Bedeutung des Wortes »Entdeckung« gewandelt hat. Früher ging es dabei um Handelsbeziehungen und Machtpolitik, dann standen wissenschaftliche Interessen im Vordergrund. Die Entdeckungsfahrten brachten die Astronomie ebenso voran wie die Kunst der Navigation und später die Botanik und Ethnologie. Heute liegt der Schwerpunkt mehr darauf, daß wir lernen, Menschen und ihre Umwelt zu schützen.

Zwei Aborigines, aufgenommen in den 1890er Jahren *(gegenüber)*. Massaker, Krankheiten und die Zerstörung ihrer Lebensräume dezimierten einige Eingeborenen-Stämme binnen zwanzig Jahren nach ihrer ersten Begegnung mit den Europäern um 90 Prozent.

Eine chinesische Beerdigung in Cooktown, Queensland, in den 1890er Jahren. Cooktown war Hafen für die nahen Goldminen; dorthin und nach Cooktown strömten während des Goldrauschs der 1870er Jahre viele tausend Chinesen. Als dieses Bild entstand, war die Blütezeit vorüber, und viele Goldgräber waren wieder weggezogen.

Das *Custom House* (Zollgebäude) im neuseeländischen Wellington, um 1890. Zur Entstehungszeit des Bildes war die Stadt erst gut 50 Jahre alt – 1839 hatte Edward Gibbon Wakefield den Hafen begründet. 1865 wurde daraus die Hauptstadt des Landes; sie ist benannt nach dem Herzog von Wellington, der ihre Gründung unterstützt und gefördert hatte.

»Trommelidole« – diese hohen, schlanken Statuen in Vanuatu symbolisieren die Geister der Ahnen *(oben links)*. Eine Aufnahme des Fotografen W. J. Lindt, der in den 1890er Jahren die (damals Neue Hebriden genannte) Inselgruppe bereiste.

Eine zweite Aufnahme von W. J. Lindt zeigt Rekrutierungsschiffe, die in den 1890er Jahren Vanuatu anlaufen *(oben rechts)*. In der zweiten Hälfte des 19. Jahrhunderts waren auf den Baumwoll- und Zuckerrohrplantagen von Australien, Fidschi und Samoa vielfach Südseeinsulaner beschäftigt, die oft unter den unwürdigsten Bedingungen arbeiteten. Die Praxis, Arbeiter von den Inseln zu rekrutieren, war als *blackbirding* bekannt, und gut ein Viertel der Belegschaft auf den Plantagen war durch Tricks, falsche Versprechungen oder Gewalt dorthin gekommen.

Bootsbauer auf der Insel Epi, Vanuatu, in den 1890er Jahren, ebenfalls aufgenommen von W. J. Lindt *(gegenüber)*. Die Bewohner von Vanuatu sind Melanesier, deren traditionelles Boot der mit großem Geschick aus einem ganzen Baumstamm gefertigte Einbaum ist.

Ein Häuptling in Samoa, Anfang des Jahrhunderts *(oben)*. Neben den neuseeländischen Maori gehören die Ureinwohner Samoas zur großen Gruppe der Polynesier. Auch heute noch ist die samoanische Gesellschaft traditionell gegliedert – im Zentrum steht eine weitläufige Familie aus Verwandten und Adoptierten, und an der Spitze dieser Gruppe, der *Aiga*, steht ein gewählter Häuptling, der *Matai*.

Unter den Augen weißer Zuschauer baden Maori an einem Wasserfall auf Rarotonga, der am dichtesten besiedelten Cook-Insel. Das Foto stammt vom Ende des vorigen Jahrhunderts *(gegenüber)*. Die Maori lebten bereits seit Generationen auf den Cook-Inseln, als Anfang des 19. Jahrhunderts die Europäer kamen. Von deren Ankunft bis zum Ende des Jahrhunderts lag die Verwaltung der Inseln weitgehend in den Händen der von der London Missionary Society entsandten Missionare.

Abtransport gefällter Bäume mit dem Ochsenkarren, eine Aufnahme aus den 1920er Jahren. Ein Großteil der australischen Wälder ist seit Eintreffen der ersten Siedler gerodet worden, und das Land kam unter den Pflug. Durch verantwortungsloses Roden ist der Bestand mancher einheimischer Baumarten drastisch zurückgegangen.

Schafschur in Queensland, Anfang des Jahrhunderts. Seit den 1820er Jahren ist Wolle ein Haupt-Exportartikel Australiens, und seit den 1840er Jahren gibt es Schaffarmen in Queensland. Je mehr Siedler ins Land strömten, desto weiter wurden die Ureinwohner, die Aborigines, zurückgedrängt. Bis zur Schur ist das Betreiben einer Schaffarm wenig arbeitsintensiv. Die Arbeit wurde leichter, nachdem Frederick Wolseley in den 1880er Jahren die Schafschermaschine erfunden hatte.

Ein Maorihäuptling, aufgenommen Anfang des Jahrhunderts *(oben links)*. Er trägt einen Fellumhang (wahrscheinlich Hundefell, das bei Würdenträgern hoch geschätzt war) und sein Gesicht ist mit eintätowierten Spiralen und geschwungenen Linien verziert, den sogenannten *Moko*. Tätowiert wurde mit einem scharfen Knochenmesser und einer Mischung aus Ruß und Wasser. Eine ausgesprochen schmerzhafte Prozedur, weshalb bei jeder Sitzung nur eine kleine Fläche bearbeitet wurde.

Auch die Aufnahme dieser Maorifrau *(oben rechts)* stammt vom Anfang des Jahrhunderts. Sie trägt einen Federmantel, den *Kahu Huruhuru*. Beide Bilder dokumentieren traditionelle Bräuche und Kleidung. Die Maori kamen ursprünglich von den rings um den Äquator gelegenen pazifischen Inseln, wo das Klima wärmer war. Dort hatten sie Kleidung aus Bastfasern getragen, doch in ihrer neuen Heimat war es kälter, und sie suchten nach neuen Möglichkeiten.

Maorifrauen kochen in den heißen Quellen von Rotorua und haben Wasserkessel aufgesetzt; die Aufnahme entstand Anfang des Jahrhunderts auf der neuseeländischen Nordinsel. Bis Ende des 19. Jahrhunderts war diese Gegend fast ausschließlich von Maori bewohnt, doch von etwa 1880 an entstand eine Stadt für die Touristen, die zu den heißen Quellen kamen. Anders als die beiden Maori auf der vorhergehenden Seite tragen diese westliche Kleider und arbeiten auch mit westlichem Kochgeschirr.

Bondi Beach bei Sydney, Neusüdwales, 1920 *(oben)*. Schon zur Entstehungszeit dieses Bildes war Bondi Beach – heute einer der berühmtesten Surfstrände der Welt – ein beliebter Badestrand. Australiens erster Rettungsschwimmer-Club wurde 1907 in Bondi gegründet, 1915 kam der Surfsport nach Australien.

Ein Kanu auf den Santa-Cruz-Inseln, die heute zu den Salomoninseln gehören *(gegenüber)*. Es ist ein typisch polynesisches Auslegerboot mit einem Aufbau zwischen Ausleger und Hauptrumpf. In früheren Zeiten fuhren die Polynesier mit weitaus größeren, hochseetüchtigen Kanus Tausende von Kilometern über den Pazifischen Ozean und besiedelten ferne Inseln.

Dieses Foto aus dem Jahre 1923 zeigt ein *Tiki*, ein geschnitztes Standbild *(gegenüber)*. Die Gesichter dieser Figuren waren oft sehr abstrakt, doch hier sind sie immerhin realistisch genug, daß man die Tätowierungen (*Moko*) erkennen kann. Die Muster auf diesem Antlitz erinnern an das Gesicht des Maorihäuptlings, das auf Seite 246 zu sehen ist. Als *Tiki* bezeichnet man auch Figurinen aus Grünstein, die als Amulett getragen werden.

Alt und Neu begegnen sich: Eingeborene aus Papua-Neuguinea sehen und hören in den 1930er Jahren zum ersten Mal ein Grammophon. Die beiden australischen Goldsucher Michael Leahy und Michael Dwyer unternahmen in jenen Jahren ausgedehnte Reisen in das Hochland von Neuguinea, und das Grammophon gehörte zu den modernen Gerätschaften, die sie im Gepäck hatten. Daß Menschen, die bis dahin kaum oder sogar überhaupt keinen Kontakt mit der Außenwelt gehabt hatten, davon fasziniert waren, ist nicht verwunderlich.

Ein Dorf auf Ontong Java (dem ehemaligen Lord-Howe-Atoll), Salomoninseln. Das Bild stammt von C. M. Woodford, der in den 1890er Jahren als führender Beamter der Kolonialverwaltung Inspektionsreisen auf viele der Inseln unternahm, um sich Aufschluß über deren »Möglichkeiten und Ressourcen« zu verschaffen. Er kam zu dem Schluß, daß die Inseln besonders für Kokosplantagen geeignet seien und empfahl *Kopra* (das getrocknete Nährgewebe der Kokosnuß, aus dem Kokosöl gewonnen wird) als Exportprodukt. Die Kokospalmen lieferten nicht nur Früchte, sondern dienten auch als Baumaterialien: Die Hütten wurden mit Palmblättern gedeckt, und die Wände bestanden aus einem Geflecht aus Blättern.

Der Middle Harbour von Sydney, an der Straße von Manly zum Spit, um 1909. Das Foto wurde im Auftrag des australischen *Agent General* aufgenommen, was den Schluß nahelegt, daß es zu Werbezwecken diente. Der *Agent General* vertrat sein Land in London, warb dort für Australienhandel und -tourismus und war Anlaufstelle für Auswanderungswillige.

Ein Mann aus der Gegend um Mount Hagen in Papua-Neuguinea, aufgenommen um 1930 von Michael Leahy auf einer seiner Reisen in das Hochland von Neuguinea *(oben)*. Er und sein Begleiter Michael Dwyer bestaunten den »Festtagsstaat« der Hochländer, unter anderem ihren Kopfschmuck aus Federn und Farnen oder den Nasenschmuck aus Knochen und Eberzähnen, die durch die Nasenscheidewand gesteckt wurden. Die Kaurimuscheln der Halskette dienten auch als Zahlungsmittel.

In manchen Gegenden Neuguineas war es Tradition, den Kopf eines Kindes so zu bandagieren, daß es als Erwachsener einen kegelförmigen Schädel bekam, wie man ihn hier *(gegenüber)* sehen kann. Die Aufnahme entstand in den 1930er Jahren.

Eine neue Aufnahme von Edward Mendell zeigt einen Mann vom Stamm der Huli aus dem südlichen Papua-Neuguinea. Er ist als Gast für ein Hochzeitsfest gekleidet. Die dekorierte Perücke gehört zu seiner normalen Tracht, doch zusätzlich trägt er Federn und Perlen und hat sich zur Feier des Tages das Gesicht bemalt.

Ein Krieger vom Stamm der Dani aus dem Hochland von Irian Jaya (der indonesischen Osthälfte Neuguineas) mit einem traditionellen Penisfutteral *(oben links)*. Solche Futterale, die aus einer getrockneten Gurkenfrucht hergestellt werden, tragen die Männer der Dani die meiste Zeit, und es ist praktisch ihre einzige Kleidung. Um in dem recht kühlen Klima nicht zu frieren, reiben sie sich oft mit Schweinefett ein. Die Aufnahme stammt von Adrian Arbib.

Größer als bei der voluminösen Kleidung dieser Polynesierin *(oben rechts)*, aufgenommen 1991 von Paul Harris, könnte der Kontrast zum Dani-Krieger nicht sein. Doch genau wie er und der Huli gegenüber ist auch sie traditionell gekleidet – in diesem Falle für die Hochzeit ihrer Tochter. Ihre Kleider sind aus Tapa gemacht, einem Tuch, das aus dem Bast von Feigen-, Brotfrucht- oder Papiermaulbeerbäumen hergestellt wird.

Das Überschwemmungsgebiet des Fitzroy River auf dem westaustralischen Kimberley-Plateau, aufgenommen von Joann Crowther. Die Gegend ist berühmt für ihre Termitenhügel – gebaut von Insekten, die den Ameisen ähnlich, aber nicht mit ihnen verwandt sind. Termiten leben von Zellulose (Pflanzenmaterial) und sind deshalb gefährlich für alles, was aus Holz besteht.

Eine zweite Fotografie von Joann Crowther zeigt die Pinnacle-Wüste. Ihren Namen verdankt die Gegend , die 244 Kilometer nördlich von Perth an der westaustralischen Küste liegt, den zahllosen Felsnadeln, die bis zu fünf Meter hoch aus dem Wüstenboden emporragen.

Die australischen Ureinwohner, so sehr sie auch entmündigt und verfolgt wurden, halten doch mit Stolz an ihren Traditionen fest. Dieses 1991 von John Miles aufgenommene Bild *(oben links)* zeigt Blui Jabarula, einen initiierten Mann des Walpiri-Stammes aus der Tanamiwüste im Nordterritorium. Er hat sich einen Knochen durch die Nase gestochen, was nicht nur als Zeichen von Tapferkeit, sondern auch als schön gilt.

Gautherame Broome, an der australischen Westküste, aufgenommen von Joann Crowther *(oben rechts)*. Diese roten Sandsteinklippen werden an ihrer Basis ständig vom Meer erodiert, und dabei kommt immer wieder einmal der Fußabdruck eines Dinosauriers zum Vorschein, ein Stückchen von Australiens Vergangenheit.

Vater und Sohn im südlichen Hochland von Papua-Neuguinea *(gegenüber)*. Wie schon Edward Mendells Aufnahme auf Seite 257 zeigt auch dieses Foto Männer der Huli mit ihren Perücken – hier einen Häuptling und dessen Sohn nach einem Siegestanz. Das Häuptlingsamt ist erblich, und der Junge hat gute Chancen, eines Tages die Nachfolge seines Vaters als Anführer des Stammes anzutreten.

Blick vom Bellbird Lookout, im Lamington-Nationalpark bei Brisbane, Queensland, aufgenommen von Paul Harris. Ganz anders als die Wüstenlandschaft, die man so oft in Australienbildern sieht, zeigt dieses Foto einen dschungelartigen Regenwald: Er liegt 1100 Meter über dem Meer und ist berühmt für seine Farne.

Ein Tänzer bei einem Fest der Aborigines *(oben links)*, aufgenommen von John Miles. Musik und Tanz spielen eine wichtige Rolle im traditionellen Leben der Australier und gehören zu jedem Fest dazu – als Initiationsritual zum Beispiel oder als Ritual zur Beeinflussung des Wetters; manchmal wird auch einfach nur zum Vergnügen getanzt und gesungen.

Der mumifizierte Leichnam eines Häuptlings der Aseki im nördlichen Hochland von Papua-Neuguinea *(oben rechts)*, in einer Aufnahme von Edward Mendell. Wenn ein Häuptling im Kampf getötet wird, dörrt man seinen Leichnam in Rauch, um ihn zu konservieren, und dann tragen ihn seine männlichen Angehörigen in einer geheimen Zeremonie hinaus in die Berge. Dort sitzt er dann, durch einen Felsvorsprung vor dem Wetter geschützt, zusammen mit seinen ebenso mumifizierten Vorgängern hoch oben über dem Dorf und hält Wache über seinen Stamm.

Eine winzige Pflanze sprießt im Sand der Gibsonwüste, einer von vielen Wüsten, die weite Teile des autralischen Landesinneren bedecken. Die Aufnahme von Joann Crowther entstand beim Ayers Rock im Nordterritorium. Einige der höchsten Sanddünen der Erde finden sich in dieser Region, wo fast niemals Regen fällt. Wenn es doch einmal regnet, dann erwachen Samenkörner, die oft jahrelang im Boden gewartet haben, fast über Nacht zum Leben.

Die junge Vulkanlandschaft Neuseelands mit ihren hohen Bergen, den brodelnden Schlammpfützen und heißen Quellen lockt Touristen aus der ganzen Welt an. Chris Wrights Foto zeigt, wie der Dampf aus einer solchen heißen Quelle aufsteigt, deren Wasser, gefärbt von Mineralien der umgebenden Felsen, in allen Farben schillert.

Amerika

Neue Welten

Dr. John Hemming

Die Geschichte der Erforschung Amerikas steckt voller Paradoxa. Das fängt schon bei den Namen an. Amerigo Vespucci (1454–1512), nach dem der Doppelkontinent benannt ist, war der erfolgreichste »Reiseschriftsteller« seiner Zeit. Ursprünglich ein Kaufmann in Diensten Lorenzo de Medicis, unternahm der Florentiner Vespucci mehrere Atlantiküberquerungen, teil unter spanischer, teils unter portugiesischer Flagge, immer in der Hoffnung, einen Seeweg zum Indischen Ozean und damit zu den Gewürzinseln zu finden. Auf seiner dritten Reise erreichte Vespucci im Jahre 1501 mit einer portugiesischen Flotte die Küste Brasiliens. Als sein schillernder Bericht über diese Reise erschien, erregte er ein solches Aufsehen, daß ein lothringischer Kartograph dem neuen Kontinent seinen Namen gab, Americi Terra vel America – was ein wenig unfair war, denn schließlich war Kolumbus fast ein Jahrzehnt früher dort gewesen.

Allerdings war Kolumbus, als er das Land erblickte, fest davon überzeugt, das sagenhafte Indien Marco Polos gefunden zu haben – ein Irrglaube, der dem Kontinent zwei weitere falsche Namen bescherte: Die Eingeborenen Nord- und Südamerikas wurden »Indianer« genannt und die Karibischen Inseln »Westindien«.

Ein junger Kontinent?

Die »Neue Welt« – *Mundus Novus*, wie Vespucci sie in einem Brief an Lorenzo de Medici nannte – galt und gilt immer noch als jung, doch auch dieser Begriff führt in die Irre. Man kann einen Kontinent nicht als jung bezeichnen, zu dem im Kanadischen Schild und im südamerikanischen Guayana-Schild die ältesten präkambrischen Felsen der Erde gehören. Und auch die Fossilien und Überreste von Dinosauriern, die sich in Grabungen von Alberta bis Patagonien finden, sind nicht gerade jüngsten Ursprungs. »Neu« ist diese uralte Welt nur für die Europäer und überhaupt für den Menschen, der erst spät dorthin gekommen ist. Die ersten Bewohner wanderten vor zehn- bis zwanzigtausend Jahren über eine Landbrücke ein, die während der letzten Eiszeit zwischen Asien und Amerika bestand, und die Europäer kamen erst 1492.

Die Periode der europäischen Entdeckungen zog sich hier über einen längeren Zeitraum hin als bei anderen Kontinenten. Amerika wurde früher erforscht und kartiert als Afrika, Australien und Zentralasien. Der Conquistador Vasco Núñez de Balboa überquerte schon 1513 die Landenge von Panama und erhob Anspruch auf das, was er »Südsee« nannte – den Pazifischen Ozean; und nur fünf Jahre darauf fand Ferdinand Magellan (Fernão de Magalhães) einen Seeweg um die Spitze Südamerikas und erkundete zu Beginn dessen, was die erste Weltumsegelung werden sollte, die pazifische Küste. Francisco de Orellana befuhr den längsten Fluß der Erde, den Amazonas, schon 1542 auf seiner ganzen Länge – fast 350 Jahre bevor Burton und Speke das Geheimnis der Quellen des Nils aufklärten. Als das 16. Jahrhundert zu Ende ging, waren die gesamten Anden und ein großer Teil Mexikos und Mittelamerikas gründlich erforscht, und im folgenden Jahrhundert wurden Mississippi und Sankt-Lorenz-Strom kartiert. Die Indianer zeigten Samuel de Champlain, Louis Jolliet, René Robert Cavelier de la Salle und anderen französischen *voyageurs*, wie man mit einem Kanu die Flüsse hinauf ins Herz Nordamerikas gelangte. Auch die britischen Forscher und Pelzhändler waren nicht untätig. 1789 folgte Alexander Mackenzie dem Lauf des Flusses, der seinen Namen erhielt, bis hinauf zum Nordpolarmeer, und drei Jahre darauf schloß er die erste Durchquerung des Kontinents ab. 1804–06 folgten Lewis und Clark dem Missouri bis zur Quelle, durchquerten die Rocky Mountains an ihrer breitesten Stelle und erreichten die Pazifikküste. Bald darauf erkundeten Simon Fraser, David Thompson und Hugh Palliser die unbekannten kanadischen Rockies. Kongo und Niger hin-

Die Niagarafälle in den 1860er Jahren. Die Fälle liegen zwischen New York, einem Gründungsstaat der USA, und Ontario in Kanada (zu Beginn der Kolonialisierung Amerikas »neues Frankreich« genannt). Die Fälle stellen eine gewaltige, sehr beeindruckende Hürde dar in jenem System von Wasserwegen, über das Abenteurer und Forschungsreisende wie Jacques Cartier, Samuel de Champlain und René Robert Cavelier de la Salle in das Landesinnere vordrangen.

gegen mußten bis zum Ende des 19. Jahrhunderts auf ihre europäischen Erforscher warten.

Am nördlichsten Ende der Welt

Ein weiteres Paradox bei der Erforschung Amerikas ist, daß es diesen Vorsprung wieder verlor. Als 1830 die Royal Geographical Society gegründet wurde, war der größte weiße Fleck auf der Landkarte das Gebiet der Nordwestpassage – des Seewegs zwischen Atlantischem und Pazifischem Ozean entlang der Nordküste Nordamerikas – und der Inseln nördlich von Kanada. Heute dagegen gibt es beispielsweise im Amazonasgebiet, das zu den artenreichsten der Erde zählt, immer noch Neues zu entdecken – Hunderte neuer Spezies in Flora und Fauna und von Zeit zu Zeit sogar ein unbekannter Eingeborenenstamm –, während die Erforschung Afrikas längst abgeschlossen ist. In den fast 170 Jahren, die seit der Gründung der Royal Geographical Society vergangen sind, hat sich die Erforschung Amerikas auf diese beiden unwegsamen Gebiete konzentriert.

Im Jahr 1845 sandte die britische Admiralität unter dem Kommando des altgedienten Polarforschers und Vizepräsidenten der R. G. S., Sir John Franklin, zwei mit zusätzlichen Segeln versehene Dampfschiffe auf die Reise, die eine Passage durch das eisige, trostlose Insellabyrinth der kanadischen Arktis finden sollten. Die Crew eines Walfängers war die letzte, die Schiffe und Besatzung später im Jahr vor der Baffininsel traf. Danach kam keine Nachricht mehr. Jahr für Jahr sprachen die Präsidenten der R. G. S. in ihren Jahresansprachen von der Sorge um Franklin und seine Männer. Rettungsexpeditionen wurden ausgeschickt, einige per Schiff, andere über Land. Eskimos (*Inuit*) berichteten von vierzig halbverhungerten Männern, die Richtung Süden gezogen waren, und ein Dokument fand sich, das besagte, daß Franklin gestorben sei; einige Gräber und ein paar andere Überreste wurden gefunden. Doch der Großteil der Männer und die beiden Schiffe blieben verschollen, und bis heute suchen Expeditionen nach Spuren, die das Rätsel dieser größten Katastrophe in der Geschichte der britischen Entdeckungen lösen könnten.

Im Laufe des folgenden Jahrhunderts wurden die weißen Stellen auf der Landkarte Nordkanadas gefüllt. Dr. John Rae lernte von den Inuit, sich auf dem Land zu orientieren, andere befuhren die großen Flüsse in Richtung Norden, und Goldsucher kamen zuhauf an Klondike und Yukon. 1875 erforschte eine weitere Expedition der Admiralität in enger Zusammenarbeit mit der Royal Geographical Society die Nordküste von Ellesmere Island und drang dabei weiter nach Norden vor als alle, die es zuvor versucht hatten.

Die letzten Lücken schlossen sich zu Anfang unseres Jahrhunderts. 1903–06 gelang es dem Norweger Roald Amundsen und sechs Begleitern endlich, mit einem winzigen motorisierten Segelboot die Nordwestpassage zu durchqueren. Auch das Wettrennen um den Nordpol kam zum Abschluß. Im Jahre 1909 drang der schneidige amerikanische Commander Robert Peary zum Pol vor und verkündete stolz: »Endlich am Pol! Drei Jahrhunderte Streben. Zwei Jahrzehnte lang mein Traum, mein Ziel. Nun endlich mein!« Manche Gelehrten bezweifeln dies allerdings und sehen in Pearys bescheidenerem Landsmann Dr. Frederick Cook, der ein Jahr zuvor beteuerte, er sei dort gewesen, den wahren Entdecker. Zwischen 1913 und 1918 kartierte der wagemutige Kanadier Vilhjalmur Stefansson in einer Reihe entbehrungsreicher Expeditionen die letzten nördlichen Inseln.

Kurs nach Süden

1831, ein Jahr nach Gründung der R. G. S., sandte die Royal Navy die »Beagle« aus, um die Küsten am anderen Ende des Doppelkontinents zu erforschen. Die fünfjährige Reise ging in die Geschichte ein, weil

An der Playa, der mehr als 2000 Kilometer langen Küste Perus, zwischen Anden und dem kalten Humboldt-Strom des Pazifiks gelegen, sind die klimatischen Bedingungen wüstenähnlich. Die zwischen 1910 und 1913 entstandene Aufnahme wurde von der Trasse der peruanischen Südeisenbahn aus gemacht.

der Kapitän der »Beagle«, Robert Fitzroy, zur Gesellschaft seinen jungen Freund Charles Darwin mitnahm. Als die chilenische Küste kartiert war, wandten sie sich den Galápagos-Inseln zu. Hier fiel es Darwin auf, daß die Schnäbel der Finken von Insel zu Insel leicht variierten und stets dem Lebensraum und der vorhandenen Nahrung angepaßt waren, und diese Beobachtung war die Keimzelle seiner epochemachenden Theorie von der Evolution durch natürliche Auslese.

In jüngerer Zeit hat der große Himalaja-Bergsteiger Eric Shipton die feuerländischen Gipfel bezwungen, die heute Cordillera Darwin heißen und am Beagle-Kanal liegen. Weiter im Norden, in den Anden, bestaunten Clements Markham (später ein berühmter Präsident der R.G.S.) und andere Reisende die Ruinen der Inkas. Doch war es ein junger Amerikaner, Hiram Bingham, der 1911 die spektakulärste aller amerikanischen Ruinen entdeckte – die vergessene Stadt Machu Picchu.

Die meisten Entdecker und Naturkundler zog in dieser Zeit das Amazonasgebiet an. Im gewaltigen Becken dieses mit Abstand mächtigsten Flusses der Welt steht ein Großteil des Regenwalds der Erde mit dessen größter Artenvielfalt. Deutsche, französische und brasilianische Wissenschaftler haben Flora, Fauna und das Leben der Eingeborenen erforscht. Der brasilianische Forscher und Humanist Cândido Rondon entdeckte und erforschte in den vier Jahrzehnten zwischen 1880 und 1920 mehr Flüsse, Volksstämme und Territorien als jeder andere, doch der größte Anstoß für die Wissenschaft kam von drei jungen Briten. Alfred Russel Wallace, Henry Walter Bates und Richard Spruce kamen alle drei 1848 an den Amazonas und stellten im Laufe der Jahre eindrucksvolle Sammlungen zusammen; sie entdeckten am Fluß und dessen Nebenflüssen Hunderte von neuen Arten. Bates wurde später der erste hauptamtliche Sekretär der Royal Geographical Society, und die R.G.S. verhalf Wallace zu den Mitteln für eine Reise nach Südostasien, wo er Darwins Hypothese weiterentwickelte.

Auf Expedition im Regenwald

Ich selbst bin viermal in unerforschten Gebieten des Amazonaswaldes gewesen. Das erste Mal war es eine sechsmonatige Expedition, die das Quellgebiet des Rio Iriri in Zentralbrasilien erkunden und kartieren sollte. Ich lernte das schöne und aufregende Leben des Forschungsreisenden kennen – Flüsse und Wasserfälle finden, die zuvor niemand gekannt hatte, sie vermessen und benennen; kilometerweit Pfade in den Urwald schlagen in der sicheren Gewißheit, daß kein weißer Fuß diesen Boden je betreten hat; plötzlich auf einen Tapir, Jaguar, Mazama, ein Pekari oder sonst ein Waldtier treffen; in Hängematten schlafen, im Halbdunkel des Waldes mit all seiner Schönheit und all seinen Naturwundern.

Doch wir hatten auch dieselben Qualen zu erleiden wie andere Entdecker. Es war harte Arbeit, sich einen Weg durch das oft dichte Unterholz zu bahnen, oft ohne Wasser, mit schweren Rucksäkken Tag für Tag auf dem unebenen und oft schlammigen Waldboden. Wir aßen alles, was wir pflücken oder erlegen konnten, doch wir arbeiteten schwer, und den Hunger, den ich damals litt, werde ich nie vergessen. Die majestätischen Bäume ragten oft dreißig Meter hoch über uns auf, die Kronen in einem Flechtwerk von Lianen verknüpft. Darunter ist der Waldboden relativ offen. Wir waren nur zu elft in der endlosen Weite des unerforschten Landes, und so kam es oft vor, daß man allein arbeitete und leicht von dem belaubten, kaum zu erkennenden Pfad abkam. Ich spüre jetzt noch den panischen Schrecken, der mich überkam, als ich merkte, daß ich die anderen aus den Augen verloren hatte und wußte, daß ich, wenn ich nicht Spuren am Boden

Los Angeles etwa 1929, gesehen vom 1710 Meter hohen Mount-Wilson-Observatorium. Jenseits der Stadt erstrecken sich die unendlichen Weiten von Vasco Núñez de Balboas »Südsee« – das, was wir heute den Pazifischen Ozean nennen.

oder eine Kerbe in einem Baum fand, für immer in dieser Wildnis verloren sein würde.

Die Wochen vergingen, wir drangen mit unserem Lager immer tiefer in den Urwald vor, verbrachten viele Tage damit, zwei Einbäume und die Paddel herzustellen, und mußten am Ende erkennen, daß wir am falschen Fluß waren. Mit letzten Kräften zogen wir weiter über die Wasserscheide, bauten neue Kanus und brachten sie an den Iriri. Als wir ins Licht traten, waren wir blasse, hagere Gestalten, die wochenlang keine Sonne gesehen hatten, von Insekten zerstochen und bedeckt mit eitrigen Wunden. Gerade als wir zur ersten Forschungsfahrt auf dem unbekannten Iriri aufbrechen wollten, kam der Leiter der Expedition, mein guter Freund Richard Mason, ums Leben. Indianer hatten sich an unserem Hauptpfad im Hinterhalt versteckt und töteten ihn mit Pfeilen und einem Keulenhieb auf den Schädel. Erst Tage später konnten wir den Leichnam einbalsamieren und zu dem abgelegenen Flugplatz von Cachimbo tragen, von wo er zur Beisetzung auf den britischen Friedhof von Rio de Janeiro gebracht wurde. Später fanden wir heraus, daß die Mörder ein Jagdtrupp vom Stamm der Kren-akrore (oder Panará) waren; erst zehn Jahre später gelang Europäern eine friedliche Kontaktaufnahme.

Diese tragische Begegnung mit einem bis dahin unbekannten Indianerstamm war für mich der Anstoß, mehr über die Eingeborenen der Amazonasregion herauszufinden. Ich verbrachte zwei Jahre bei den einheimischen Völkern und besuchte über vierzig Gruppen in den verschiedensten Stadien der Akkulturation – von Stämmen, die gerade erst ihre erste Begegnung mit Weißen hinter sich hatten, bis hin zu solchen, die schon am Rande der Zivilisation in einer Art Gemeinschaft mit ihnen lebten. Die größten Augenblicke waren die Gelegenheiten, bei denen ich miterleben konnte, wie solche Stämme zum allerersten Mal Kontakt mit der Außenwelt hatten. Ich reiste mit Indianerexperten der brasilianischen Regierung, die oft jahrelang Vorbereitungen trafen, bevor es zur ersten Begegnung von Angesicht zu Angesicht kam. Sie legten Geschenke aus: Messer, Perlen und andere Gegenstände. Für Männer, die Wochen damit verbringen, ein Stück Wald mit Steinwerkzeugen zu roden, sind Äxte und Macheten aus Metall unwiderstehlich. Eine dieser Gruppen, die Suruí in Rondônia, war äußerst mißtrauisch, wahrscheinlich weil sie schon einmal Feindseligkeiten von Siedlern oder Goldsuchern erlebt hatten. Nur die Krieger kamen zu dem brasilianischen Vorposten, und auch sie nie ohne Pfeil und Bogen.

Einen Monat nachdem ich von diesem Posten weitergereist war, kam es zu einem Zwischenfall. Die Suruí stürmten den Posten und töteten die wenigen Brasilianer, die dort geblieben waren. Zwei andere Stämme, die ich unmittelbar nach dem ersten Kontakt sah, die Parakanã aus Pará und die Galera Nambikwara aus Rondônia, standen unter Schock, traumatisiert von der angsteinflößenden Begegnung mit etwas so durch und durch Fremdem. Eine vierte Gruppe hingegen, die Asurini, die in den Wäldern zwischen den Flüssen Xingú und Tocantins leben, waren ein Volk von allem Anschein nach grenzenloser Gutmütigkeit und Unschuld, das uns beinahe wie herabgestiegene Götter aufnahm. In der kurzen Zeit, die ich bei den Asurini verbrachte, konnte ich verstehen, warum Vespucci und andere frühe Entdecker die Indianer Brasiliens als edle Wilde beschrieben hatten, die in einem irdischen Paradies lebten. Ich habe das große Glück gehabt, daß ich mehr Völker kennenlernen konnte als jeder andere Nicht-Brasilianer, und meine Kontakte mit diesen Menschen, die oft noch in einer vorsteinzeitlichen Kultur leben, waren unvergeßliche Erlebnisse.

Die alte Inkahauptstadt Cuzco, aufgenommen 1932 von Professor J. W. Gregory auf seiner letzten Expedition. Gregory ertrank beim Versuch, den Fluß Urubamba zu erkunden.

Wissenschaftliche Errungenschaften

Die faszinierendsten Entdeckungen werden heute von den Wissenschaftlern gemacht, die sich mit der komplexen Ökologie des Amazonasgebietes beschäftigen. Ich habe seinerzeit an einer venezolanischen Expedition zu den Tafelbergen im unerforschten Grenzland zwischen Brasilien und Venezuela teilgenommen. Die Pflanzen, Insekten und Amphibien dieser uralten Hügel des Guayana-Schildes haben sich aus Vorfahren entwickelt, die in Afrika geblieben sind, als vor gut 100 Millionen Jahren jene Landmasse, die wir Gondwanaland nennen, auseinanderbrach und die beiden Kontinente voneinander fortdrifteten.

1987/88 organisierte und leitete ich das Maracá-Regenwaldprojekt auf einer unerforschten und unbewohnten Flußinsel am Nordrand des tropischen Regenwalds im Amazonasgebiet – ein wunderbares Land mit majestätischen Wäldern und Bergen, mit Flüssen, die über Stromschnellen tosen. Das Unternehmen entwickelte sich zum größten Forschungsprojekt, das je ein europäisches Land im Amazonasgebiet organisiert hat. 150 Wissenschaftler und weitere 50 technische Assistenten nahmen daran teil, und wir lernten viel über die Dynamik der Ökologie des Regenwaldes. Ein Team untersuchte den Wasserkreislauf, ein anderes die Erneuerungszyklen des Waldes. Im Auftrag des brasilianischen Umweltministeriums sollten wir nicht nur Geologie, Bodenbeschaffenheit und Ökologie der unbekannten Wunderwelt von Maracá erforschen, sondern auch soviel wie möglich über Flora und Fauna herausfinden. Etwa die Hälfte der Millionen von Spezies, mit denen wir die Erde teilen, leben im tropischen Regenwald, und an ein vollständiges Inventar dieser unbekannten Wildnis war überhaupt nicht zu denken. Doch entdeckten die Botaniker, Zoologen und Entomologen unserer Gruppe immerhin über zweihundert Pflanzen- und Insektenarten, die der Wissenschaft bis dahin vollkommen unbekannt waren. Die Artenvielfalt der Gegend war unglaublich, mit einer beispiellosen Zahl an Spinnen, Fledermäusen, Vögeln und anderen Tier- und Pflanzenfamilien.

Im Zuge des Maracá-Projekts arbeiteten die britischen und brasilianischen Expeditionsmitglieder sich tief in den Urwald vor und hatten Belastungen zu ertragen, von denen andere Abenteurer stolz berichtet hätten – doch solche Forschungen wurden nun nicht mehr, wie einst, zum Ruhme einzelner unternommen, sondern zum Fortschritt der Wissenschaft. Bei Expeditionen dieser Art sind in den vergangenen Jahrzehnten viele unberührte Regionen des amerikanischen Doppelkontinents erforscht worden. Solche Projekte sind es, die aus unserer heutigen Zeit das Goldene Zeitalter der Entdeckungen machen – ein Zeitalter, in dem die Menschen mehr als je zuvor über die Wunder ihres Planeten in Erfahrung bringen. Die Erforschung Amerikas ist noch lange nicht zu Ende.

Ein Gigant der Natur *(gegenüber)*. Der Mann auf diesem Bild, das Carleton E. Watkins in den 1860er Jahren in Kalifornien aufnahm, wirkt zwergenhaft klein neben dem gewaltigen Riesenmammutbaum (*Sequoiadendron giganteum*). Diese Bäume, die auch als Sierra-Redwoods bezeichnet werden (im Gegensatz zu den Redwoods der Küstenzone), wachsen in der westlichen Sierra Nevada auf einer Höhe von 900 bis 2600 Metern. Manche erreichen einen Umfang von bis zu 31 Metern, und sie können bis zu 130 Meter hoch werden.

So wie im Jahre 1860 dieses Paar, können Besucher der Niagara Fälle noch heute in der »Höhle des Windes« stehen, einer Einbuchtung direkt hinter dem »donnernden Wasser« (so die wörtliche Übersetzung des indianischen »Níagara«). Doch daß die Fälle »zufrieren« ist allerdings ein sehr seltenes Schauspiel.

Mitla, hier in einer Aufnahme aus den 1860er Jahren, ist eine der bekanntesten archäologischen Fundstätten Mexikos; es liegt 1480 Meter hoch in den Bergen der Sierra Madre del Sur. Mitla bedeutet soviel wie »Totenstätte«, und man nimmt an, daß es sich ursprünglich um eine geheime Begräbnisstätte der Zapoteken handelte. Um das Jahr 900 begannen die weiter im Norden ansässigen Mixteken nach Süden zu drängen und eroberten auch die Nekropole Mitla; was sich an Bauwerken erhalten hat, ist mixtekisch geprägt. Das Bild stammt von Désiré Charney, einem Lehrer aus New Orleans.

Eine Ansicht der Mayastadt Chichén Itzá, ebenfalls eine Fotografie von Charney aus den 1860er Jahren. Zu sehen ist das *Monjas* oder »Nonnenhaus« aus der ersten Bauphase. Die Stadt, die in einer trockenen Gegend der mexikanischen Halbinsel Yucatán liegt, erhielt ihr Wasser – und ihren Namen – von zwei großen Quellen, die dort entspringen: Das Maya-Wort *chi* bedeutet soviel wie »Münder«, *chén* bedeutet »Quellen«, und *itzá* ist der Name des Volkes, das sich hier niederließ. Im Jahre 1904 begann der Amerikaner Edward Herbert Thompson mit einer systematischen Untersuchung der heiligen Quelle und förderte Skelette und viele Kunstwerke zutage. Seine Funde bestätigten die Legende, daß Menschenopfer und Gaben aus Gold und Jade dargebracht wurden, um den in der Tiefe wohnenden Regengott zu besänftigen.

Chicago nach dem verheerenden Brand vom Oktober 1871. Die Umstände hatten das Feuer begünstigt: Viele Gebäude und Bürgersteige bestanden aus Holz, und es hatte lange nicht geregnet. Das Feuer begann am 8. Oktober im Südwesten und fraß sich nach Nordosten vor, und nicht einmal der Chicago River konnte es aufhalten. Den Michigansee konnte es allerdings nicht überspringen, und hier erloschen die Flammen. Der Brand wütete zwei Tage lang und zerstörte eine Fläche von sechs Quadratkilometern; 250 Menschen kamen ums Leben, weitere 90 000 wurden obdachlos, und der Sachschaden betrug etwa 200 Millionen Dollar.

Ein Expeditionstrupp, mit Pferden und der notwendigen Ausrüstung für das Vordringen in das damals noch weithin unbekannte Innere Nordamerikas. Die Expedition war Teil eines gewaltigen geologischen Forschungsprogramms des US-Innenministeriums. Die Aufnahme stammt von William Henry Jackson, dessen Arbeit entscheidend war für die Gründung des Yellowstone-Nationalparks im Norden Wyomings.

Die Kaieteurfälle des Flusses Potaro in Guyana (dem ehemaligen Britisch-Guayana), aufgenommen 1878 von Sir Evarard im Thurn *(gegenüber)*. Sir Evarard war im Vorjahr nach Britisch-Guayana entsandt worden, um einen Posten als Kurator des Museums von Georgetown anzutreten. Als zweiter Weißer überhaupt besuchte er 1878 und 1879 die Wasserfälle. 1890 wurde er Generalbevollmächtigter für Britisch-Guayana.

Eine nordamerikanische Indianerfamilie, aufgenommen um 1880 in Alberta, Kanada. Das *Tipi* (Zelt), vor dem die Familie sitzt, ist die ideale Behausung für ihr Wanderleben: Ein Gerüst aus Stangen wird mit Büffelhäuten bedeckt, die Öffnung am oberen Ende dient als Rauchabzug. Diese Behausung ließ sich im Handumdrehen auf- und abbauen und bot dennoch Schutz vor Kälte und Wetter. Durch sie wurde das nomadische oder halbnomadische Leben auf den Spuren der wilden Herden, von denen diese Stämme lebten, erst möglich.

Zwei nordamerikanische Indianer mit traditionellem Tomahawk, Feder- und Perlenschmuck posieren um 1884 vor der Kamera des Fürsten Roland Bonaparte für dessen *collection anthropologique*. An solchen Bildern läßt sich ablesen, wie sehr die exotischen Eingeborenen die damaligen Europäer faszinierten. Mit passenden Dekorstücken vor die Kamera geholt, werden die Porträtierten im Grunde zu Ausstellungsstücken in einem anthropologischen Kuriositätenkabinett.

Eine Gruppe Indianer in Feuerland, aufgenommen von W. S. Barclay. Ferdinand Magellan (Fernão de Magalhães) gab der Landspitze ihren Namen, als er 1520 die Meerenge durchsegelte, die wir heute Magellanstraße nennen, und aus dem Land im Süden Rauch aufsteigen sah. Bei seiner Lage in extremen südlichen Breiten bis hinunter zu dem von Seeleuten so gefürchteten Kap Hoorn ist es allerdings eher ein Land des Eises als des Feuers – wie die Kleidung auf diesem Bild deutlich genug beweist.

Eine weitere undatierte Fotografie von W. S. Barclay. Auf dem wunderbar stimmungsvollen Bild sitzen Frauen und Kinder vom Stamm der Yahgan friedlich in ihrem Kanu aus Birkenrinde und lassen sich in den Gewässern Feuerlands treiben. Die Yahgan waren neben anderen Stämmen in dieser Inselwildnis an der südlichsten Spitze Südamerikas heimisch und wurden durch den Kontakt mit den weißen Neuankömmlingen besonders schwer dezimiert. Den größten Schaden fügten ihnen unwillentlich die weißen Missionare zu, als sie ihnen Kleider brachten, in denen Krankheitskeime steckten, gegen die die Indianer keine Immunabwehr hatten.

Zwei traditionell gekleidete Frauen aus Surinam, dem ehemaligen Niederländisch-Guayana an der Nordküste Südamerikas *(gegenüber)*. Die Aufnahme entstand 1906. Die Erinnerung an die frühesten bekannten Einwohner lebt im Namen des Landes fort – es waren die Surinen-Indianer. Diese Frauen sind allerdings mit großer Sicherheit Nachfahren westafrikanischer Sklaven, die von den holländischen Siedlern auf ihre blühenden Zucker-, Kaffee- und Kakaoplantagen gebracht wurden.

Mächtige Schiffe im Hafen von Castries auf Santa Lucia *(oben)*, um 1896. Santa Lucia ist eine der Inseln über dem Winde in den westindischen Kleinen Antillen. Die ursprünglichen Bewohner waren Kariben, doch als Kolumbus auf seiner vierten Reise in die Neue Welt 1502 vor der Insel ankerte, war der Grundstein zur europäischen Kolonisierung gelegt. Schiffe waren das A und O des Kolonialhandels. Sie brachten die Sklaven ins Land (in diesem Falle auf Betreiben der französischen Siedler) und schafften die Waren, die diese Sklaven produzierten, zurück nach Europa.

Zwei Aufnahmen der Bolivianischen Grenzkommission, die zwischen 1911 und 1913 tätig war *(oben)*. Die Kommission sollte die Grenze zwischen Bolivien und Peru festlegen, was mit beträchtlichen Arbeiten vor Ort verbunden war. Der Grenzverlauf wurde auf dem Papier 1912 beschlossen, doch es dauerte ein weiteres Jahr, bis alle Grenzsteine gesetzt waren. Die Bilder zeigen zwei Gesichter desselben Landes: Auf dem einen *(oben links)* sieht man eine einfache Auslegerbrücke über den Rio Grande in Peru, auf dem zweiten einen Torbogen aus verwitterten Felsen im peruanischen Hochland *(oben rechts)*.

Ein Reiter watet mit seinem Hund durch das Sumpfland des Paraná in Argentinien *(gegenüber)* – eine weitere denkwürdige Aufnahme von W. S. Barclay, der im Jahre 1908 die wirtschaftlichen Möglichkeiten der Region erforschte. Der Paraná – »Vater des Wassers« in der Sprache der indianischen Guaraní – entsteht aus den Zusammenfluß von Rio Grande und Paranaíba im südlichen Brasilien. 4880 Kilometer weit fließt er nach Süden, bewässert in seinem Unterlauf ein weites Überschwemmungsgebiet und mündet schließlich in einem 64 Kilometer breiten Delta bei Buenos Aires in den Atlantik.

Dieses Bild einer alten Frau vom Stamm der Akawaio, die in der traditionellen Hängematte der Indianer ihren Urenkel wiegt *(oben)*, entstand 1973 bei einer Expedition in den abgelegenen nordbrasilianischen Bergstaat Roraima. Die Gesellschaftsstruktur der Akawaio ist von der Großfamilie geprägt. Die Akawaio nennen sich »Kinder des Himmels«, weil in ihrer Vorstellung das Licht, das vom Himmel kommt und dessen Verkörperung die Sonne ist, der Quell allen Lebens ist. Deshalb bestatten sie ihre Toten auch stets am Morgen, mit Blick auf die aufgehende Sonne.
Foto von J. C. Wilkins

Ein Bewohner der Region Mato Grosso im Südwesten Brasiliens *(gegenüber)*. Der Name bedeutet auf portugiesisch »dichter Wald«, und diese einstmals waldreiche Gegend lieferte Kautschuk, wertvolle Hölzer, Silber und Diamanten. Das Bild nahm George Dyott etwa 1928 auf. Die Royal Geographical Society hatte den Amerikaner Dyott mit der Suche nach Colonel Percy Fawcett beauftragt, der bei einer Expedition im brasilianischen Dschungel verschollen war.

Die endlose Weite Amerikas: Ein Blick über das Tal hinüber zu den Yosemite-Fällen im Westen Kaliforniens *(gegenüber)*. Der Wasserfall besteht aus zwei Teilen, den Upper und den Lower Falls, sowie den verbindenden Kaskaden; die gesamte Fallhöhe beträgt 739 Meter. Das Foto entstand um 1917 im Auftrag der offiziellen britischen Vertretung in den Vereinigten Staaten.

Gigantische Kakteen, neben denen die beiden Personen zwergenhaft klein wirken, auf einer undatierten Aufnahme aus Jamaika *(oben)*. Die natürliche Vegetation der Insel reicht von dichten Wäldern aus Bambus und Harthölzern im Osten und Nordosten – wo in den Tälern und am Fuß der Hügel auch die Bananenplantagen liegen – bis zu flachen Holzgewächsen und Kakteen in der trockenen, savannenartigen Landschaft des Südwestens. Die Zuckerrohrplantagen bedecken die Ebenen der Küstenregion.

Zwei Eingeborene aus der Gegend des Xingú in Brasilien, aufgenommen von dem Forschungsreisenden George Dyott. Das erste Bild *(gegenüber)* stammt aus dem Jahre 1931 und zeigt eine junge Frau vom Stamm der Kamayurá oder Kalopalo aus dem Mato Grosso. Das zweite *(oben)* entstand 1928 und zeigt einen Krieger der Juruna.

Dieses 1937 von der amerikanischen Missionarin Martha Moennich aufgenommene Foto zeigt einen Bororo-Indianer *(gegenüber)*. Die Bororo, von denen es heute wahrscheinlich nicht einmal mehr tausend gibt, leben am Paraguay-Fluß im brasilianischen Staat Mato Grosso. Die Bororo waren berühmt für ihren ornamentalen Feder-Kopfschmuck.

Eine der berühmtesten Küsten der Welt – Rio de Janeiro, hier in einer Aufnahme aus den 1920er Jahren *(oben)*. Die unverwechselbare Silhouette des Zuckerhuts an der Hafeneinfahrt zeichnet sich vor der Wasserfläche ab. Obwohl der Name die Vermutung nahelegt – Rio de Janeiro bedeutet »Januarfluß« –, gibt es hier keinen Fluß. Der Name stammt von Amerigo Vespucci, der auf seiner dritten Reise in die Neue Welt im Jahre 1501 die Bucht wohl für eine Flußmündung hielt.

Makú-Indianer sitzen gebannt vor dem Radio – eine Aufnahme der Bolivianischen Grenzkommission aus dem Jahre 1924/25 *(oben)*. Bolivien grenzt im Norden und Osten an Brasilien, und dieses Bild entstand in der brasilianischen Region Rio Branco. Die Makú sind als halbnomadische Waldbewohner ihrer alten Lebensweise treu geblieben: Sie leben von der Jagd und dem, was sie im Wald sammeln können.

Ein weiteres Bild von Martha Moennich, diesmal aus dem Jahr 1925 *(gegenüber)*. Es dürfte eines der letzten Lebenszeichen des britischen Forschungsreisenden Colonel Percy Harrison Fawcett sein. In Begleitung seines 22jährigen Sohnes Jack und dessen Freund Raleigh Rimell begann Fawcett 1925 die Suche nach untergegangenen historischen Städten, die er tief in der Regenwald-Region am Xingú vermutete. Er kehrte nicht mehr zurück. Nachforschungen blieben vergebens – niemand sah ihn und seine Begleiter je wieder. Das Bild zeigt Fawcett auf einem Esel im Savannen-Gras an der Mündung des Xingú.

Zwei Frauen vom Stamm der Makiritare inspizieren mit ihren Kindern eine Kamera *(oben)*. Die Makiritare-Indianer bewohnen das südliche Hochland des Orinokobeckens und sind eines der drei Haupt-Eingeborenenvölker der Region. Ihr ganzes Leben dreht sich um die Flüsse des Beckens, die ihnen Nahrung und Transportwege bieten. Die Aufnahme entstand auf der Brasilienexpedition, die 1919/20 unter der Leitung von Dr. Alexander Hamilton-Rice stattfand, für den die Erforschung des Amazonasbeckens zur Lebensaufgabe wurde.

Vor einer Blockhütte im US-Staat Tennessee schärft ein altes Ehepaar eine Axt *(gegenüber)*. Die traditionelle Hütte, der altmodische Schleifstein, die Kleidung und die ganze Erscheinung der beiden zeugen von einem Milieu, in dem sich jahrzehntelang nichts verändert hatte, einem ärmlichen Leben auf dem Lande. Das Bild entstand um 1937, in der Zeit der Weltwirtschaftskrise von 1929–39, aufgenommen von G. Barbour.

TO LOWER LEVEL

Mehr als siebzig Jahre und Hunderte von Meilen trennen diese beiden Aufnahmen, die die extremen Gegensätze zwischen den verschiedenen Regionen der Vereinigten Staaten dokumentieren. Die 1931 im Auftrag der offiziellen britischen Vertretung in den USA aufgenommene Stadtszene *(gegenüber)* zeigt Reisende in Ferienstimmung im New Yorker Bahnhof Grand Central. Die zweite Aufnahme *(oben)* stammt von Carleton und Watkins und ist ein klassisches amerikanisches Genrefoto aus den 1860er Jahren: Eine einsame Gestalt sitzt vor einem Holzhaus in Meeks Camp im Schatten des Kesles Peak, Big Cottonwood Canyon.

Eine Dampflokomotive zieht 120 Waggons mit Kohle über die Gleise der Pennsylvania Railroad *(oben)*. Dieses und das Foto auf der gegenüberliegenden Seite wurden um 1931 im Auftrag der offiziellen britischen Vertretung in den USA aufgenommen.

Ein berühmtes amerikanisches Naturwunder: Der unter dem Namen Old Faithful bekannte Geysir stößt eine Fontäne aus Dampf und heißem Wasser hervor *(gegenüber)*. Der Old Faithful liegt im Yellowstone-Nationalpark, dem größten Naturschutzgebiet der Vereinigten Staaten, das 1872 im Staat Wyoming in den Rocky Mountains eingerichtet wurde.

Während der von den amerikanischen Universitäten Harvard und Dartmouth organisierten Alaska-Expedition von 1933/34 wurden auf dem South Brillion-Gletscher geophysikalische Meßinstrumente aufgestellt *(gegenüber)*. Solche Instrumente können mit physikalischen Mitteln die geologische Erforschung der Erdoberfläche, des Erdinneren und der Atmosphäre unterstützen.

Wenn man von der Melvillebucht im Westen Grönlands zum Kap Seddon in den kanadischen Nordwestterritorien hinüberblickt, sieht man eine endlose Eisfläche vor sich *(oben)*. Die Bucht wird begrenzt vom grönländischen Inlandeis, der weltweit zweitgrößten Inlandeismasse nach der Antarktis. Dieses Foto aus der Zeit um 1935 wurde von J. M. Wordie (dem späteren Präsidenten der Royal Geographical Society) während der britischen Trans-Grönland-Expedition aufgenommen. Ziel dieser Expedition war die Durchquerung und Vermessung des bislang unerforschten grönländischen Landesinneren, das sich vom Scoresbysund aus 560 Kilometer nach Westen erstreckt.

Mit einer Höhe von 6194 Metern ist der Mount McKinley in Alaska der höchste Berg Nordamerikas. Die Indianer der Gegend nannten ihn Denali – »der Hohe« –, doch 1896 erhielt er den Namen des damaligen Präsidenten der Vereinigten Staaten. Dieser Blick über den Huth-Gletscher wurde zwischen 1936 und 1940 von Bradbord H. Washburn aufgenommen.

Die weltberühmte Golden Gate Bridge in San Francisco taucht aus dem Nebel auf; ein Foto von Paul Harris aus dem Jahr 1992 *(gegenüber)*. Die Brücke führt über das Golden Gate, einen Meeresarm, der die nahezu vollständig von Land umgebene Bucht von San Francisco mit dem Pazifik verbindet. Bei der 1937 erbauten Brücke ruht die gesamte Last auf hochbelastbaren Stahlgurten, und mit einer Spannweite von 1280 Metern war sie lange Zeit die längste Hängebrücke der Welt.

Ein Bromeliengewächs, das nach Art der Epiphyten auf einem Baumstamm wächst, vor den Ruinen eines Mayatempels auf der mexikanischen Halbinsel Yucatán *(oben)*. Das Foto wurde 1993 von Michael Freeman aufgenommen.

Ein Foto von Eric Lawrie zeigt die Salzterrassen an den Hängen einer Schlucht bei Urubamba in den peruanischen Alpen, unmittelbar nördlich von Cuzco *(gegenüber)*. Im Vordergrund sieht man einen Salinenarbeiter.

Die beiden Porträtaufnahmen von bolivianischen Indianern stammen ebenfalls von Eric Lawrie *(oben)*. Beide tragen eine Variante der für viele südamerikanische Indianer typischen Kopfbedeckung – einen *Bowler* oder Filzhut. Das Tuch, das die Frau unter dem Kinn verknotet hat, wird als *aguayo* bezeichnet; es bildet auf dem Rücken eine Art Beutel, in dem man ein Kleinkind tragen oder Waren zum Markt transportieren kann.

Sonnenblumen und Mais gedeihen in der Nähe der Lost River-Mountains in Idaho, nicht weit vom ersten Kernkraftwerk der Welt. Unmittelbar südlich der Berge, auf den Snake River Plains liegen Atomic City und das Versuchsgelände der amerikanischen Atomenergiekommission. Die Aufnahme stammt von Joann Crowther.

Eine riesige Salztonebene erstreckt sich, soweit das Auge reicht. Es ist der Salar de Uyuni in den südbolivianischen Anden, unweit der chilenischen Grenze, einer der größeren in einer Kette solcher Salars, die sich durch die Hochanden von Bolivien bis Chile und hinunter nach Argentinien zieht. Das Foto stammt von Rupert Tenison.

Bergsteiger auf einer Felsnadel mit dem schönen Namen Lost Arrow Spire (etwa: Verlorener Pfeil) im Yosemite-Nationalpark, am Nordrand der kalifornischen Sierra Nevada. Dieser Nationalpark wurde 1890 eingerichtet. Die Sierra ist von so betörender Schönheit und von so großem geographischem Interesse, daß südlich des Yosemite noch zwei weitere Naturschutzgebiete eingerichtet wurden – der King's Canyon-Nationalpark und der Sequoia-Nationalpark. Die Aufnahme *(gegenüber)* stammt von Paul Harris.

Die Völker der Anden sind für ihr Auskommen in besonderem Maße auf ihre Herden angewiesen. Lamas und Schafe liefern ihnen Wolle für die Kleidung und hin und wieder etwas Fleisch. Auf einem Foto von Chris Caldicott *(oben links)* führt eine Frau ein Lama durch die peruanische Stadt Cuzco. Die Ausdauer und Zuverlässigkeit des Lamas, das lange Zeit ohne Nahrung auskommen kann, macht es zum idealen Lasttier in diesem rauhen, unwegsamen Gelände. Auf dem Foto von Eric Lawrie *(oben rechts)* sieht man eine kleine Schafherde auf dem *Páramo* genannten Grasland oberhalb der Baumgrenze. Das Fleisch der Schafe wird in die Stadt verkauft.

The Needles, eine Felsformation im Canyonlands-Nationalpark, besteht aus dem für die Gegend typischen roten Fels. Die Canyonlands liegen im Osten des Staates Utah und umfassen Teile des Oberlaufs des Colorado River, der sich von dort seinen Weg nach Süden durch das felsige Hochland zum Grand Canyon in Arizona bahnt. Das Foto von Michael Freeman stammt aus dem Jahr 1979.

Eines der spektakulärsten Naturwunder in ganz Nordamerika – der Grand Canyon in Arizona *(gegenüber)*, auf einem 1992 aufgenommenen Foto von Paul Harris. Der Canyon ist eine gigantische Schlucht des Colorado River – 350 Kilometer lang, bis zu 1800 Meter tief und zwischen 6 und 29 Kilometer breit. 1919 wurde der Grand Canyon-Nationalpark eingerichtet.

Ein weiteres Foto von Paul Harris, eine Luftaufnahme aus dem gleichen Jahr *(oben)*, zeigt eine Schlucht im Kokee State Park auf der Insel Kauai, der nördlichsten der acht Hauptinseln Hawaiis. Obwohl Touristen beim Wort Hawaii an Palmen und Sandstrände denken, ist das Innere der Inseln von Bergen und Vulkanen geprägt. Die höchste Erhebung auf Kauai ist der 1598 Meter hohe Kawaikini.

Architektur als Sinnbild für Amerika: Ein glitzernder Wolkenkratzer spiegelt sich in der gläsernen Fassade eines anderen – das Entex-Building in Houston, Texas *(gegenüber)*. Ein Foto von Michael Freeman, 1978. Diese architektonische Gestalt wurde auf der Halbinsel Manhattan erfunden. Weil Bauland dort immer knapp war, legte Anfang des 19. Jahrhunderts eine Bauordnung die Größe der Grundstücke fest. Breiter durfte niemand bauen; aber in die Höhe gab es keine Grenzen. Durch die Skelettbauweise – in ein Stahlbeton-Gerüst wird die Fassade nur noch eingehängt – konnten die Häuser immer höher werden.

Im Gegensatz zum kühlen Reichtum, den das Bild gegenüber darstellt, zeigt obiges Foto Kinder aus einem Armenviertel Rio de Janeiros – einer Favela, wie diese Ansammlungen von Papp- und Wellblech-Hütten heißen. Aus ungewöhnlicher Perspektive fotografiert worden sind die spielenden Kinder 1989 von Joanna Scadden, die mit ihnen in der Favela lebte und arbeitete.

Pioniere und Phantasten

Ausgewählte Biographien

Robin Hanbury-Tenison, O. B. E
unter Mitarbeit von Shane Winser

Isabella L. Bird (verheiratete Bishop)
(1831–1904)

Isabella Bird zählte zu den furchtlosesten unter den vielen Frauen, die sich im viktorianischen Zeitalter in ferne Länder wagten und anschließend Bücher darüber schrieben, die das Publikum verschlang. Sie kam am 15. Oktober 1831 als ältere Tochter eines Geistlichen zur Welt und war ein kränkliches Kind. Mit 26 Jahren verschrieben die Ärzte ihr eine Seereise. Sie fuhr nach Halifax in der kanadischen Provinz Nova Scotia und kehrte erst sieben Monate später nach ausgiebigen Reisen in Kanada und im Osten der Vereinigten Staaten zurück. Aus den Briefen, die sie nach Hause geschrieben hatte, entstand ihr erstes Buch, *The Englishwoman in America.* Im folgenden Jahr kehrte sie nach Amerika zurück, reiste vom tiefen Süden bis zur Hudsonbai, lernte Longfellow, Emerson und Thoreau kennen und wurde Zeugin der religiösen Neubelebung Amerikas in jenen Jahren.

1872 machte sie sich auf den Weg nach Hawaii (das damals noch Sandwich-Insel hieß), und ihr nächstes Ziel war Colorado, wo sie Jim Nugent kennenlernte, einen Säufer aus den Rocky Mountains. Mit ihm bestieg sie den Longs Peak bei Estes-Park und beschrieb ihre Erlebnisse in dem Bestseller *A Lady's Life in the Rocky Mountains* (1879; *Eine Lady in den Rocky Mountains*). Sie war eine flammende Sozialreformerin und half mit, die finanziellen Mittel für die Medical Missionary School in Edinburgh zu beschaffen, bevor sie zu ihrer nächsten Reise aufbrach – diesmal nach Japan. Mit ihrem Diener Ito legte sie 1130 Kilometer zurück und besuchte die »haarigen« Ainu auf Hokkaido. Die Rückreise über Singapur und die malaiischen Staaten lieferte ihr den Stoff für *The Golden Chersonese and the Way Thither* (1883).

Nach dem Tod ihres Mannes John Bishop machte Isabella Bird es sich zur Hauptaufgabe, Missionskrankenhäuser zu stiften. Sie absolvierte eine Ausbildung zur Krankenschwester und begab sich dann mit zwei Bediensteten, eskortiert von einem afghanischen Soldaten namens Usman Shan, auf den Weg nach Tibet. Sie nahm das Angebot einer Vermessungsexpedition an, sich dieser anzuschließen, und zog 4000 Kilometer durch Persien, Kurdistan und Armenien – selbst für ihre Verhältnisse eine anstrengende Reise. Als 1892 die ersten fünfzehn Frauen in die Royal Geographical Society aufgenommen wurden, war Isabella Bird eine von ihnen.

Sie erlernte das Fotografieren und brach 1894 zur ersten von vier Koreareisen auf. 1896 fuhr sie mit einem Dampfboot den Jangtsekiang hinauf und reiste dann in Begleitung ihres Dieners Paoming Fu über Land nach Szetschuan; als sie wieder in Schanghai eintraf, hatte sie eine Reise von 12 875 Kilometern hinter sich. Eine letzte Expedition unternahm sie 1901, zu Pferde in das Atlas-Gebirge.

Fürst Roland-Napoléon Bonaparte
(1858–1924)

Fürst Roland-Napoléon Bonaparte – Gelehrter, Soldat, Wissenschaftler, Fotograf und Wohltäter der Pariser Académie des Sciences – widmete sein Leben der Förderung der Naturwissenschaften in Frankreich. Er wurde am 19. Mai 1858 in Paris als Enkel von Lucien Bonaparte, dem verfeindeten Bruder Napoleons, geboren. 1877 kam Roland-Napoléon Bonaparte auf die Militärakademie in Saint-Cyr und schloß sie zwei Jahre darauf als Bester seiner Klasse ab. Mit 28 Jahren mußte er allerdings seine Soldatenkarriere beenden, als die republikanische Regierung den Vertretern der Aristokratie den Militärdienst untersagte. Als seine Frau im Kindbett starb, widmete sich

Foto: Isabella Bird, S. 37

Foto: Fürst Roland-Napoléon Bonaparte, S. 283

Fotos: Douglas Carruthers, S. 50, 51, 58, 59, 66

Bonaparte neben der Erziehung seiner Tochter seinen wissenschaftlichen Studien. Er trug eine großartige Bibliothek naturwissenschaftlicher, historischer und geographischer Bücher zusammen, die in ganz Frankreich berühmt war und deren Kernbestand bis heute ein Schatz der Nation ist.

1884 veröffentlichte er die erste seiner anthropologischen Studien, *Das Volk Surinams*, dessen Grundlage Notizen waren, die er 1883 auf der Kolonialausstellung in Amsterdam gemacht hatte. Dies war der Anfang seines großen Interesses für die Völker der Welt. Bonaparte unternahm mehrere Reisen nach Deutschland, Italien und Korsika, um Detailfragen der Napoleonischen Kriege nachzugehen, und veröffentlichte die Früchte seiner Forschungen im Jahr 1891. Auch das Leben seiner eigenen Zeit in Europa und Nordamerika versuchte er in allen Aspekten zu erforschen. So widmete er sich gleichzeitig dem Studium von Gletschern in den schweizerischen und französischen Alpen und richtete zahlreiche Forschungsstationen ein, unterstützte 1901/02 die Expedition, die Colonel Bourgeois zur Bestimmung des Meridians des Äquators durchführte, finanzierte die zoologischen Laboratorien Banyul-Roscoff und half mit, das Observatorium auf dem Montblanc zu errichten. Sein Herbarium umfaßte über 300000 Pflanzenarten.

1907 wurde Roland-Napoléon Bonaparte in die Académie des Sciences aufgenommen, und 1919 wählte man ihn in Anerkennung seiner lebenslangen Dienste zur Förderung der Wissenschaften zum Präsidenten der angesehenen Société de Géographie. Drei Jahre darauf wurde er Präsident der Internationalen Geographischen Vereinigung in Brüssel. Im Laufe seiner illustren Karriere war er außerdem Präsident der Französischen Gletschergesellschaft und der Französischen Gesellschaft für Höhlenforschung.

Douglas Carruthers
(1882–1962)

Der Forscher, Zoologe und Kartograph Douglas Carruthers kam am 4. Oktober 1882 zur Welt. Schon als Junge schrieb er, daß er ins – wie man damals sagte – »finsterste Afrika« ziehen, die aus dem Fels gehauenen Ruinen von Petra sehen und »Buchara, die geheimnisvolle Hauptstadt der Welt«, besuchen wollte: Mit 26 Jahren hatte er alle drei Ziele erreicht. Er studierte in Cambridge, verließ die Universität aber schon bald wieder, um sich der praktischen Arbeit des Sammelns von zoologischem Belegmaterial zu widmen, und ging bei dem führenden Taxidermisten des Londoner Museums für Naturgeschichte in die Lehre. 1904/05 war er an der Amerikanischen Universität von Beirut und sammelte zahlreiche Fundstücke, besonders von Vögeln, die er nach England zurücksandte. Das brachte ihm die Einladung ein, 1905/06 unter der Leitung von Woolaston an der Expedition des Britischen Museums in die Ruwenzori-Berge teilzunehmen. Mit Woolaston reiste er später den Kongo hinunter, von Ost nach West quer durch Afrika.

1907/08 verbrachte Carruthers zwei Jahre in Turkestan, das damals zu Rußland gehörte, erforschte das Tienschan-Gebirge und sammelte zusammen mit dem Hamburger Schiffseigner Rickmers wissenschaftliches Belegmaterial in einer Gegend, die in Europa noch so gut wie unbekannt war. Danach zog er in die Arabische Wüste, wo er sich auf die Suche nach der seltenen Weißen Oryxantilope machte, und beschrieb seine Erlebnisse 1935 in *Arabian Adventure*. Seine spektakulärste Reise unternahm er jedoch 1910/11, als er zusammen mit M. P. Price und dem Großwildjäger J. H. Miller per Pferd und Kamel Zentralasien vom Inneren Sibiriens bis zum Quellgebiet des Jenissei in der Äußeren Mongolei durchquerte und anschließend über das Altaigebirge weiter in die Wüste Gobi zog. Für diese Forschungen, über

Fotos: Claude-Joseph Desiré Charnay, S. 276, 277

Foto: Ernest Gedge, S. 110

die er in dem zweibändigen Werk *Unknown Mongolia* (1913) berichtete, wurde er mit einer Goldmedaille der Royal Geographical Society ausgezeichnet. Es folgte eine Erkundungsexpedition nach Anatolien und in das türkische Kleinasien. Im Ersten Weltkrieg erstellte er Landkarten für den alliierten Feldzug gegen die Türken und verarbeitete dabei Daten von T. E. Lawrence, Captain Shakespear, Gertrude Bell und Harry St. John Philby.

Claude-Joseph Desiré Charnay
(1828–1915)

Claude-Joseph Desiré Charnay stammte aus dem Rhonetal, studierte in Paris an der Lycée Charlemagne und ließ sich 1850 in New Orleans nieder, wo er als Lehrer arbeitete. Er bereiste die Vereinigten Staaten, und es gelang ihm, die Unterstützung des französischen Erziehungsministeriums für eine Reise nach Yucatán zu erhalten. Dabei geriet er in den mexikanischen Bürgerkrieg und verbrachte zehn Monate in Mexiko-Stadt, bevor es ihm gelang, nach Yucatán zu kommen, wo er Aufnahmen der präkolumbischen Ruinen machte. 1861 kehrte er nach Frankreich zurück und veröffentlichte eine Mappe mit 49 Ansichten, betitelt *Cités et Ruines Américaines: Mitla, Palenque, Izamal, Chichen-Itza, Uxmal.* Charnay war offizieller Fotograf der französischen Madagaskar-Expedition von 1863, und im folgenden Jahr kehrte er nach Mexiko zurück. Mit dem Ende der Herrschaft Kaiser Maximilians im Jahr 1867 verließ er das Land, bereiste im Auftrag der Zeitschrift *Le Tour de Monde* Brasilien, Chile und Argentinien und anschließend für die französische Regierung Java und Australien. 1880–82 nahm Charnay in Yucatán Ausgrabungen vor und fotografierte die Ruinen; das Ergebnis waren *Les Anciennes Villes du Nouveau Monde* (1885) und zahlreiche weitere Bücher und Artikel. 1897 bereiste er noch den Jemen, dann setzte er sich in Paris zur Ruhe und verfaßte populäre Reiseberichte und Romane, in denen er die Erlebnisse seiner Reisen verarbeitete.

Ernest Gedge
(1862–1935)

Ernest Gedge war ein Amateurfotograf von beträchtlichem Talent. Mit siebzehn ging er als Teepflanzer nach Assam und schloß sich später der britischen Ostafrikakompanie an. Zusammen mit F. J. (später Sir Frederick) Jackson brach er 1889 zu einer Expedition ins Landesinnere auf, die im April 1890 Buganda erreichte, wo Gedge als Repräsentant der Kompanie zurückblieb. Bevor er im Januar 1891 wieder nach London aufbrach, bereiste er noch das deutsche Territorium südwestlich des Viktoriasees. In London angekommen, assistierte er Macdonald bei den Vorbereitungen zu den Vermessungsarbeiten für die Uganda-Eisenbahn; später kehrte er als Sonderkorrespondent der *Times* nach Ostafrika zurück. Sir Frederick Jacksons Buch *Early Days in East Africa* (1930), das Lady Jackson nach dem Tod ihres Mannes zusammenstellte, ist mit Gedges Fotografien illustriert. Eine schöne Sammlung seiner Bilder befindet sich auch in der Bibliothek der Britischen Botschaft in Entebbe.

Francis Frith
(1822–1898)

Francis Frith war nicht nur einer der führenden britischen Landschaftsfotografen des 19. Jahrhunderts, er verlegte seine Bildbände auch selbst. Er entstammte einer Quäkerfamilie aus Chesterfield und arbeitete zunächst bei einer Großhandelsfirma in Liverpool, was ihn jedoch schon bald zu langweilen begann. Zwischen 1856 und 1859

Foto: Francis Frith, S. 35

Fotos: Dr. A. Hamilton Rice, S. 298. 300

unternahm er eine Reihe von Expeditionen nach Ägypten, Nubien, Palästina und Syrien, wo er die klassischen Stätten fotografierte, die schon seit Jahrhunderten die Reisenden faszinierten. Gewissenhaft dokumentierte er sämtliche Denkmäler, die in Sir Gardner Wilkinsons *Handbook for Travellers in Egypt* verzeichnet waren, darunter die Pyramiden von Giseh, den Sphinx, Abu Simbel und den Großen Tempel von Philae, und machte Bilder, von denen er wußte, daß sie bei seinen Kunden zu Hause in England gut ankommen würden. Um sich das Reisen leichterzumachen, verkleidete er sich als Türke und verbarg sein europäisches Haar unter einem Turban. Von dem Wagen mit Dunkelkammer machte er den Leuten weis, er beherberge seinen Harem. Frith arbeitete mit einer ganzen Reihe von Kameras, doch vielfach kam ein Apparat mit ungewöhnlich großen Glasplatten zum Einsatz, die in der großen Hitze schwierig zu präparieren und zu entwickeln waren, jedoch erstklassige Bilder hervorbrachten. Friths akribisch genaue Aufnahmen sind heute wichtige historische Zeugnisse, denn viele der archäologischen Stätten, die er besuchte, existieren in dieser Form nicht mehr, entweder weil sie beim Bau des zweiten Assuandammes an anderer Stelle wiederaufgebaut wurden oder weil sie Vandalen zum Opfer fielen. Kommerziell waren die Bilder ein großer Erfolg. 2 000 Exemplare seines Prachtbandes *Egypt and Palestine Photographed and Described* wurden aufgelegt, und das war der Anfang einer großen Karriere.

1860 gründete er die Firma Frith and Co. in Reigate und sandte von dort aus Fotografen in alle Erdteile. Im Laufe des folgenden Jahrzehnts entwickelte sich Frith zum größten Hersteller von Fotografien, besonders von Ansichtskarten, aber auch von Zubehör wie ledernen Fotoalben und Bilderrahmen. Frith heiratete und blieb nun mehr in Großbritannien und auf dem europäischen Kontinent. Die Firma Frith and Co. war über ein Jahrhundert lang aktiv.

Dr. A. Hamilton Rice
(1875–1956)

Hamilton Rice war einer der größten Südamerikaforscher des 20. Jahrhunderts. 1875 in Boston geboren, studierte er Medizin in Harvard und machte seinen Abschluß 1904, als seine Forscherkarriere bereits im Gange war. 1897 hatte er Spitzbergen, Rußland und den Kaukasus bereist, 1899 die Westküste der Hudsonbai, und zwei Jahre darauf folgte er den Spuren Orellanas den Amazonas hinunter. Er kam nach London, um sich dort die Kenntnisse im Vermessungswesen anzueignen, die man brauchte, um unbekannte Gebiete rasch und doch exakt zu kartieren, und erwarb 1910 das Vermessungsdiplom der R. G. S. Im Ersten Weltkrieg war er Feldarzt im amerikanischen Lazarett in Neuilly, wurde jedoch dann zur Navy berufen und leitete später deren Schule für Navigationswesen in Newport, Rhode Island.

Das Stammgebiet seiner Expeditionen war das westliche Amazonasbecken, und von 1907 an erforschte und kartierte er die bis dahin weitgehend unbekannten Flüsse dieser Region. Er erkundete den Rio Casiquaire – den natürlichen Wasserweg, der das Flußsystem des Orinoko mit dem des Amazonas verbindet – und trieb dort naturgeschichtliche und medizinisch-geographische Studien. Seine letzte Expedition in den Jahren 1924/25 galt den östlichen Nebenflüssen des Rio Negro. Zur Erkundung setzte er ein Wasserflugzeug ein, und er war auch der erste, der einen Kurzwellensender mit in die Wildnis nahm. Seine geographischen Studien basierten auf Luftaufnahmen, die er regelmäßig einsetzte. Er war Träger der Goldmedaille der R. G. S., deren Vizepräsident und großzügiger Wohltäter.

Foto: Charles Howard-Bury, S. 23

Fotos: Frank Hurley, S. 169, 170, 171r, 176, 178, 179r, 180, 182, 183

Charles Howard-Bury

(1883–1963)

Charles Kenneth Howard-Bury, der Leiter der ersten Mount-Everest-Expedition von 1921, kam am 15. August 1883 zur Welt, wurde in Eton und Sandhurst erzogen und trat in das 60. Schützenregiment ein. Vor dem Krieg lernte er Bergsteigen in den Tiroler Alpen und war dann in Indien stationiert, wo er in seiner Freizeit Jagdausflüge im Tienschan-Gebirge und im russischen und chinesischen Turkestan unternahm. 1905 reiste er über Kumoan in das verbotene Tibet, 1909 besuchte er Kaschmir und den Karakorum. Nach dem Ersten Weltkrieg, in dessen Verlauf er mit dem D. S. O. (Distinguished Service Order) ausgezeichnet wurde, war er 1922–24 Parlamentarischer Staatssekretär im Kriegsministerium.

Im Auftrag des vom englischen Alpenverein und der Royal Geographical Society ins Leben gerufenen Himalaja-Komitees reiste Howard 1919 und 1920 zweimal nach Indien, um eine Erlaubnis für die Besteigung des Mount Everest zu erhalten. Anfang 1921 willigte der Dalai Lama schließlich ein und gestattete den Anmarsch durch Tibet, und Howard-Bury wurde mit der Leitung der Unternehmung betraut. Obwohl Dr. Kellas, der Bergsteiger mit der größten Erfahrung in extremen Höhen, umkam, erforschte die Expedition doch die Anmarschwege genau, und der Aufstieg von Mallory und Bullock zum North Col wurde zur Grundlage aller weiteren Versuche bis zum Zweiten Weltkrieg. Howard-Bury selbst erreichte am Lapka La eine Höhe von 8000 Metern. 1931 schied er aus dem Parlament aus und lebte von nun an in Irland, unternahm allerdings nach wie vor Reisen und Großwildjagden. Außerdem züchtete er Rennpferde, und eines davon, das den Namen Everest trug und am 29. Mai 1953, dem Tag der Erstbesteigung, geboren wurde, gewann eine Reihe von Rennen.

Frank Hurley

(1890–1962)

Der australische Forscher und Fotograf Frank Hurley begann seine Karriere als Angestellter eines Fotoateliers, schloß sich aber schon bald Douglas Mawson bei dessen australischer Antarktis-Expedition von 1911–14 an und gehörte zu jenem Trupp, der mit dem Schlitten bis zum magnetischen Südpol vordrang. Bei der Rückkehr schloß er sich Shackletons legendärer Trans-Antarktis-Expedition von 1914–17 an und brachte denkwürdige Aufnahmen vom Wrack der *Endurance* und Ansichten von der Elephant-Insel mit, dazu einen Dokumentarfilm mit dem Titel *In the Grip of the Polar Ice*. Schon zehn Tage nachdem die gerettete Mannschaft in London eingetroffen war, wurde Hurley offizieller Kriegsfotograf in Frankreich und diente für den Rest des Ersten Weltkriegs dort und im Nahen Osten. Es folgten Filmaufnahmen in Neuguinea und im australischen Landesinneren sowie Vortragsreisen in Amerika. 1929–31 nahm er an der britisch-australisch-neuseeländischen Antarktisexpedition teil, und 1939 wurde er wiederum Kriegsfotograf. Zu seinen Publikationen zählen *Pearls and Savages* (Sydney 1924), *Argonauts of the South* (London 1927), *Shackleton's Argonauts* (London 1948) und *Glorious Queensland* (Sydney 1950).

Sir Harry Johnston

(1858–1927)

Henry Hamilton Johnston, Beamter der Kolonialverwaltung und Afrikaforscher, wurde am 12. Juni 1858 in Kennington geboren, besuchte die Stockwell Grammar School und das Londoner King's College; danach widmete er sich vier Jahre lang dem Kunststudium an der Royal Academy und wurde ein geschickter Aquarellmaler. Für Naturge-

Fotos: Sir Harry Johnston, S. 120, 121, 122, 125

Fotos: Frank Kingdon-Ward, S. 64, 67, 68, 69

Foto: Elizabeth Ness, S. 248

schichte und Sprachen war er ein Naturtalent, und als er mit 21 Jahren nach Tunesien reiste, war das der Anfang seiner lebenslangen Beschäftigung mit Afrika.

1882 begleitete Johnston Lord Mayo ins südliche Angola und reiste dann allein zum Kongo weiter. 1884 führte er eine von British Association und Royal Society gemeinschaftlich unternommene naturkundliche Expedition zum Kilimandscharo. Der Daily Telegraph engagierte ihn als Korrespondenten, und während seines Aufenthalts in Ostafrika handelte er mit den Häuptlingen der Mosi und Taveta Verträge aus, die den Boden für die Gründung Britisch-Ostafrikas bereiteten. 1885 wurde er Vizekonsul für Kamerun und das Nigerdelta, und in den drei Jahren, die er am Golf von Guinea verbrachte, half er die britische Verwaltung im Delta aufbauen und bestieg den Kamerunberg, wobei er auch noch naturkundliche Belegstücke für das Britische Museum sammelte. Als nächstes wurde er Konsul in Portugiesisch-Ostafrika, und als er diese Position 1897 wieder verließ, hatte er Verträge geschlossen, die das Protektorat Njassaland sowie große Teile Nordrhodesiens unter britische Kontrolle brachten. Die nächsten zwei Jahre verbrachte er als Generalkonsul in Tunis, dann hatte er 1899–1901 seine letzte offizielle Stelle als Sonderbevollmächtigter in Uganda inne und erforschte in dieser Zeit Teile der Ruwenzori-Berge und der Waldgebiete am Semliki; von dort brachte er das erste vollständige Fell des scheuen und seltenen Okapi mit zurück.

Im Ruhestand beschäftigte er sich besonders mit Liberia und konzentrierte sich auf sein grundlegendes zweibändiges Werk über die Bantusprachen. Über die Geographie Afrikas publizierte er mehr als vierzig Bücher.

Frank Kingdon-Ward
(1885–1958)

Frank Kingdon-Ward kam 1885 als Sohn eines Botanikprofessors in Cambridge zur Welt, wo er später auch studierte, bevor er als Lehrer nach Schanghai ging. 1906 brach er zu seiner ersten botanischen Expedition auf, die ihn im Laufe des nächsten halben Jahrhunderts immer wieder in jene gewaltige Bergregion führen sollten, wo China, Tibet, Indien und Birma aneinanderstoßen. Rhododendren, Primeln, Lilien, Enzian und Mohnblumen waren sein Metier, und die Zahl der Spezies, mit denen er die Gärten Englands bereicherte, ist gar nicht zu überblicken. Während seines letzten Lebensjahrzehnts begleitete ihn seine zweite Frau, Jean Macklin, auf diesen Reisen, darunter eine alptraumhafte Durchquerung des vom Erdbeben verwüsteten Stammesgebiets der Mishmi in Nordindien. Seine Leistungen als Wissenschaftler und Reiseschriftsteller waren herausragend, und er wurde mit der Goldmedaille der Royal Geographical Society ausgezeichnet.

Elizabeth Ness
(ca. 1880–1962)

Elizabeth Wilhelmina Ness, die Witwe von Major Patrick Ness, war die erste Frau im Vorstand der Royal Geographical Society. 1953 stiftete sie den *Mrs. Patrick Ness Award*, der von der R.G.S. »entweder an Forschungsreisende, die ihre Projekte erfolgreich beendet haben, oder an solche, die teilweise abgeschlossene Untersuchungen weiterverfolgen möchten« vergeben werden sollte. Zu Elizabeth Ness' eigenen Reisen gehörten eine Fahrt zum Victoria Nyaza im Jahre 1906 sowie weitere Reisen in Zentralafrika, darunter 1908/09, 1911/12 und 1913 in das Gebiet des Mount Kenya. 1923 reiste sie von Beirut durch die

Fotos: John Noel, S. 11, 62, 63, 70

Harry St. John Philby, S. 202

syrische Wüste zum persischen Isfahan. In ihrem 1929 veröffentlichten Band *Ten Thousand Miles in Two Continents* beschreibt sie ihre Erlebnisse. Sie war eine gute Fotografin und eine der ersten Reisenden, die mit einer 16-mm-Filmkamera und Farbfilm umzugehen verstanden.

John Noel
(1890–1989)

Der Fotograf und Dokumentarfilmer John Baptist Lucius Noel kam in Newton Abbott in Devon als Sohn einer Offiziersfamilie zur Welt. Er besuchte eine Schule in Lausanne, wo er auch das Skifahren und Bergsteigen erlernte, studierte Malerei in Florenz und trat dann in die britische Armee in Nordindien ein. Seine freie Zeit verbrachte er mit der Erforschung der Grenzregion zwischen Sikkim und Tibet, wo er einen Zugang zum Mount Everest zu finden hoffte, denn Tibet und Nepal ließen damals keine Fremden ins Land. 1913 näherte er sich in Verkleidung dem Berg bis auf 65 Kilometer, bevor er verhaftet wurde. Im Ersten Weltkrieg diente er an der Westfront, geriet in deutsche Kriegsgefangenschaft, konnte aber im Schutz der Dunkelheit entkommen. Im Zweiten Weltkrieg war er vier Jahre lang im Nachrichtendienst tätig.

Im Jahre 1919 lud Sir Francis Younghusband ihn ein, vor Mitgliedern der Royal Geographical Society und des Alpine Club über das Thema seines Buches *Through Tibet to Everest* zu sprechen und damit das Projekt einer britischen Erkundungsexpedition zum Mount Everest zu unterstützen. An der ersten Expedition von 1921 konnte Noel nicht teilnehmen, doch als 1922 die zweite unter General Bruce aufbrach, quittierte er den Dienst, um dabeisein zu können. Noel richtete seine speziell entworfene Dunkelkammer im Basislager ein und entwickelte dort etwa fünfeinhalbtausend Meter Film – das Flußwasser zum Wässern pumpten Sherpas von unten herauf, und getrocknet wurde der Film über einem Feuer aus Jakdung. Noel hatte eine besonders leichte Kamera, die auch in großer Kälte funktionierte, und verbrachte zwei Wochen auf dem North Col in 7010 Metern Höhe, damals die größte Höhe, in der je ein Film belichtet worden war.

Fest davon überzeugt, daß der Berg diesmal bezwungen würde, bot Noel dem Everest-Komitee £ 8.000 für die exklusiven Foto- und Filmrechte an der nächsten Expedition, die 1924 folgte. Er ließ ein Labor in Darjeeling errichten, wohin die Filme per Ponykurier zum Entwickeln gebracht wurden. Als die beiden Bergsteiger Mallory und Irvine 700 Meter unterhalb des Gipfels von einem Aufstieg nicht zurückkehrten, waren auch Noels Hoffnungen auf einen finanziellen Gewinn dahin. Statt eines Berichts über die Bezwingung des höchsten Berges der Welt konnte er nur noch mit einem Reisebericht aus Tibet aufwarten. Er engagierte tibetische Lamas, die bei den öffentlichen Vorführungen des Films in Großbritannien auftraten, doch er verärgerte damit nur den Dalai Lama, der fast ein Jahrzehnt lang keine weiteren Everest-Expeditionen mehr gestattete. Abzüge von Noels Filmen der Jahre 1922 und 1924 befinden sich heute im National Film Archive, und Szenen daraus sind in fast jeder neueren Dokumentation über den Mount Everest zu sehen.

Harry St. John Philby
(1885–1960)

Der Forscher und Arabienkenner Harry St. John Bridger Philby kam in Ceylon zur Welt, wo sein Vater eine Teeplantage betrieb. Er studierte Arabisch, Urdu und Hindi am Trinity College, Cambridge, und bekam 1908 einen Posten in der indischen Kolonialverwaltung. Zu Anfang des Ersten Weltkriegs wurde Philby als politischer Offizier nach Bagdad entsandt, 1917 nach Riad zu Verhandlungen mit Ibn Saud. Er

Fotos: Herbert Ponting, S. 46, 48, 172, 173, 174, 177, 1791

nutzte diese Gelegenheit, das Innere der arabischen Halbinsel zu bereisen, und durchquerte sie – als erster Europäer seit fast einem Jahrhundert – per Kamel von Katar bis nach Dschidda. 1918 erkundete Philby den Nedschd, eine große Landfläche in Zentralarabien, und erhielt dafür 1920 die Medaille der Gründer der Royal Geographical Society. 1923 veröffentlichte er *The Heart of Arabia* (dt.: Das geheimnisvolle Arabien).

Als nächstes erforschte er die syrische Wüste zwischen Amman in Jordanien und dem Oberlauf des Euphrat, schied jedoch 1924 aus Protest gegen die britische Arabienpolitik aus dem Staatsdienst aus. Er konvertierte zum Islam und lebte nun als Geschäftsmann in Arabien. 1932 unternahm Philby seine legendäre Durchquerung der Wüste Rub al-Khali auf der Suche nach der »verlorenen Stadt« Wabar und fand Meteoritenfragmente, die nach Ansicht mancher muslimischer Gelehrter biblische Geschichten bestätigten, nach denen die Stadt zerstört worden war.

Zwar gilt Bertrand Thomas, der seine Reise ein Jahr zuvor unternahm, als erster Bezwinger der Rub al-Khali, doch gilt vielen Philbys Durchquerung als die schwierigere. Anschließend erforschte Philby die Region Hadramaut und beschrieb sie in seinem Buch *Sheba's Daughters* (1939). Seine Pflanzen-, Tier- und Fossiliensammlungen, die er Museen in Großbritannien und Nordamerika überließ, trugen viel zum Verständnis der Naturgeschichte Arabiens bei. Als in Saudi-Arabien Öl gefunden wurde, war Philby einer der maßgeblichen Berater Ibn Sauds und unterstützte ihn und seine Minister bei den massiven Veränderungen, die sich dadurch für ihr Land ergaben.

Herbert Ponting
(1870–1935)

Der in Salisbury geborene Herbert George Ponting versuchte sich als Rancher und Goldschürfer in Kalifornien, bevor er im Jahr 1900 seine Karriere als professioneller Fotograf begann. Als Korrespondent für *Harper's Weekly* im Russisch-Japanischen Krieg kam er weit im Fernen Osten herum und bereiste Indien, China, Korea, Java und Birma. Besonders beeindruckte ihn Japan, und er veröffentlichte das Buch *In Lotus-land Japan* 1910 in London, ehe er sich als offizieller Fotograf (oder »Kamerakünstler«, wie er sich gern nannte) der Britischen Antarktis-Expedition von 1910–13 anschloß – Scotts letzter, tragischer Expedition. Die von Captain Robert Falcon Scott geleitete Unternehmung diente hauptsächlich wissenschaftlichen Zwecken, obwohl auch der Versuch, den Südpol zu erreichen, auf dem Programm stand. Ponting stieß in Neuseeland dazu und fuhr auf der *Terra Nova*, die auf ihrer Reise südwärts im Sturm vor Campbell Island beinahe sank. Die nächsten vierzehn Monate arbeitete er vom Lager der Expedition in Cape Evans aus und fotografierte die Schönheit der antarktischen Landschaft und Natur; er dokumentierte auch die verschiedenen Unternehmungen der Expedition und machte sich nicht immer beliebt dabei, weil die Teilnehmer in allen erdenklichen unbequemen Positionen posieren mußten, bis sie halb erfroren waren.

Mit großem technischem und künstlerischem Geschick schuf Ponting hervorragende Schwarzweiß- sowie frühe Farbfotografien nach dem Autochrom-Verfahren. Er machte auch einige der ersten Filmaufnahmen und hielt die Vorbereitungen zu einer der tragischsten Begebenheiten der Entdeckungsgeschichte in bewegten Bildern fest. Er filmte Scott und seine Männer, wie sie vom Fuße der Great Ice Barrier zum Pol aufbrachen, und wohl niemand, der sie

Fotos: Captain W. H. I. Shakespear, S. 196, 199, 200, 201, 212

Foto: Sir (Marc) Aurel Stein

gesehen hat, wird je die Szene vergessen, in der Bill Wilson sich umwendet und zum Abschied winkt. Mit dem Versorgungsschiff von 1912 verließ Ponting die Expedition – seine Arbeit war getan. *Ninety Degrees South*, sein Film über die Expedition, wurde vielfach aufgeführt (1933 drehte er viele Szenen nach), und 1921 veröffentlichte er ein zweites Buch, *The Great White South*, doch wirklich erfolgreich waren Pontings kommerzielle Unternehmungen nie.

Captain W. H. I. Shakespear
(1878–1915)

William Henry I. Shakespear, der zu den bedeutendsten Erforschern Ost- und Zentralarabiens zählt, kam 1878 in Indien als Sohn eines Kolonialoffiziers zur Welt. Er diente zunächst bei den Bengal Lancers, ließ sich jedoch dann zum Konsulatsdienst versetzen, bekleidete Posten in Persien und Ostarabien und wurde später Bevollmächtigter der britischen Regierung in Kuwait. Er war auch ein früher Automobilist und fuhr 1907 mit seinem Einzylinder-Rover vom Persischen Golf nach England und zurück, und 1912 von Bombay nach Delhi. Er unternahm sechs Forschungsreisen durch das östliche Arabien, und 1914 durchquerte er die arabische Halbinsel von Kuwait über Riad bis nach Sinai, fast 2000 Kilometer durch unerforschtes Gebiet.

In seiner Funktion als Vertreter der britischen Regierung in Kuwait kam Shakespear zu der Überzeugung, daß im Falle eines Krieges Ibn Saud der einzige arabische Führer sein würde, der in der Lage war, die Wüstenstämme in einer Allianz mit Großbritannien und gegen die Türken zu vereinen. Doch die zahlreichen detaillierten Berichte, die er nach London schickte, konnten das Außenministerium nicht von seiner Ansicht überzeugen. Als der Krieg tatsächlich kam, wurde Shakespear als Unterhändler entsandt. Er zog es jedoch vor, mit Ibn Saud gegen dessen protürkischen Gegner Ibn Raschid bin Hail ins Feld zu ziehen, und am 24. Januar 1915, nur 36 Jahre alt, fiel er im Kampf. Shakespears Voraussagen erwiesen sich als korrekt. Ibn Saud wurde zu einem der mächtigsten Männer der Welt, doch Großbritannien hatte seine Position ihm gegenüber für Jahre geschwächt.

Sir (Marc) Aurel Stein
(1862–1943)

Der Forscher und Archäologe Sir (Marc) Aurel Stein kam in Budapest zur Welt und widmete sich nach seiner Emigration zunächst im Britischen Museum dem Studium früher Münzen. Später leitete er das Oriental College in Lahore und unternahm nach dem Vorbild Sven Hedins 1897 eine Forschungsreise in die Wüste Takla Makan. Zwischen 1907 und 1929 folgten fünf große Expeditionen in das chinesische Turkestan, in deren Verlauf Stein Belege für den einstmals florierenden Handel entlang der Seidenstraße von Rom nach China fand und Ruinenstädte ausgrub, die bewiesen, daß Zentralasien einmal eine fruchtbare Ebene gewesen war. Er entdeckte die Grotten der Tausend Buddhas bei Tunhuang, und 9000 der alten Rollbilder und Handschriften, die er dort fand, brachte er ins Britische Museum. Es dürfte der größte Fund frühbuddhistischer Handschriften überhaupt gewesen sein, und Stein ist viel kritisiert worden, weil er sie wegschaffte; viele von denen, die er zurückließ, wurden jedoch später gestohlen oder zerstört. Von 1910–29 leitete er den Indian Archaeological Survey; sein Grab befindet sich auf dem christlichen Friedhof von Kabul.

Fotos: Wilfred Thesiger, S. 216, 217, 218

Foto: John Thomson, S. 32, 39, 49

Wilfred Thesiger

(geb. 1910)

Wilfred Patrick Thesiger kam in Addis Abeba zur Welt und absolvierte seine Ausbildung in Eton und im Magdalen College, Oxford. 1930 kehrte er zur Krönung Haile Selassies nach Äthiopien zurück und jagte und reiste anschließend mit den Danakil-Nomaden. Ab 1935 war er im Sudan im diplomatischen Dienst tätig und reiste in seiner Freizeit durch die Sahara zum Tibesti-Gebirge. Im Zweiten Weltkrieg diente er in Äthiopien, Syrien und beim SAS (Special Air Service) in der Libyschen Wüste. Nach dem Krieg bereiste er mit den Beduinen Südarabien und Oman, durchquerte die Rub al-Khali und schrieb darüber in seinem Buch *Arabian Sands* (1959). Außerdem lebte er fast sieben Jahre bei den Arabern im Zweistromland. Weitere Reisen führten ihn ins iranische Zagrosgebirge, in den Hindukusch und das Karakorum-Gebirge, nach Nuristan und ins Südchinesische Meer. Seit Anfang der 60er Jahre lebt er in Nordkenia. 1987 erschien seine Autobiographie *The Life of My Choice* und dazu eine Auswahl seiner Lieblingsfotografien, *Visions of a Nomad* – Bilder, aufgenommen mit Thesigers Leica, die er vor Sand, Frost und den Miasmen der irakischen Sümpfe mit einem kleinen Beutel aus Ziegenleder geschützt hatte.

John Thomson

(1837–1921)

John Thomson, ein Pionier des Fotojournalismus und der Reisefotografie, kam 1837 in Edinburgh zur Welt und studierte an der dortigen Universität Chemie. Er wollte sich als professioneller Fotograf in London niederlassen, hatte sich jedoch vorgenommen, zunächst Asien zu bereisen und die Eigenheiten der Länder und Völker des Fernen Ostens im Bild festzuhalten. 1862 brach er auf dem Landweg nach Ceylon (Sri Lanka) auf, mußte jedoch nach einer Erkrankung umkehren. 1865 langte er auf der Malaiischen Halbinsel an, arbeitete eine Zeitlang dort und reiste dann weiter nach Thailand und Kambodscha, wo einige seiner besten Aufnahmen entstanden. Er fotografierte die berühmten Ruinen von Angkor Wat und veröffentlichte seine Bilder später in zwei Bänden unter dem Titel *Antiquities of Cambodia* (1867).

Danach reiste er weiter nach Macao und Hongkong und von dort nach Formosa. In China besuchte er Schanghai und fuhr 2000 Kilometer weit den Jangtsekiang hinauf, von Nanking durch die Schluchten zu den Bergen Szetschuans und von dort nach Peking. Die Früchte dieser Jahre geruhsamen Reisens brachte er 1873 in vier stattlichen Foliobänden heraus – eine umfangreiche Sammlung erstklassiger Aufnahmen von Landschaften, Städten, Gebäuden und Menschen mit begleitenden Texten. 1875 folgte ein ausführlicher Bericht über seine Reisen: *The Straits of Malacca, Indo-China, and China: Ten Years' Travels, Adventures, and Residence in the Far East.*

1877 produzierte Thomson zusammen mit dem Soziologen Adolphe Smith eine Fotodokumentation über die Londoner Halbwelt und Elendsviertel. Als Zypern 1878 in britische Hand kam, brach Thomson mit seiner Kamera dorthin auf und kehrte mit Material für zwei illustrierte Quartbände zurück. Von 1886 an brachte Thomson im Auftrag der Royal Geographical Society zahlreichen Forschungsreisenden seiner Zeit das Fotografieren bei und propagierte die Fotografie als Mittel zur Dokumentation. Der Afrikaforscher Stanley war einer seiner Schüler.

Foto: Bradford Washburn, S. 308

Fotos: Carleton E. Watkins, S. 273, 303

Bradford Washburn
(geb. 1910)

Der Bergsteiger, Fotograf und Kartograph Henry Bradford Washburn jr. kam in Boston zur Welt und verbrachte seine Sommer auf Berg- und Wandertouren mit seiner Familie, teils in den Bergen Nordamerikas, teils in den Alpen; dabei entwickelte er sein außerordentliches Talent als Fotograf und Dokumentarfilmer. Er hielt Vorträge und zeigte seine Filme und finanzierte damit sein Studium der französischen Geschichte und Literatur in Harvard; später studierte er Vermessungswesen und Luftfotografie. Nun auch mit einem Flugschein ausgerüstet, trat er in das Institute of Geographical Exploration der Universität Harvard ein und leitete die Harvard-Dartmouth-Expedition, die in Alaska den Mount Crillon vermaß. 1935 wurde er von der *National Geographic Society* mit der Leitung einer Expedition zum Yukon betraut, die 8050 Kilometer der St. Elias Mountains kartierte, teils nach Luftaufnahmen, teils nach Vermessungen am Boden, die mitten im Winter mit Ski und Hundeschlitten unternommen wurden. In derselben Bergkette bezwang Washburn den Mount Logan, damals der höchste unbestiegene Berg Nordamerikas, und 1937 erschien sein illustrierter Bericht darüber in der Zeitschrift *Life*.

Er wurde Direktor des Bostoner Museum of Natural History (heute Museum of Science) und machte sich sogleich daran, das Museum zu modernisieren. Er heiratete Barbara Polk, und in ihren Flitterwochen unternahmen die beiden die Erstbesteigung des Mount Bertha in Alaska. 1947 war sie die erste Frau, die den Mount McKinley bestieg. Mit Unterstützung des Museums und der Zeitschrift *National Geographic* unternahm Washburn weitere Forschungen im McKinley-Gebiet, im Grand Canyon (*National Geographic*, Juli 1978) sowie am Mount Washington und in den White Mountains seiner neuenglischen Heimat. 1988 brachte er den großen Traum seines Lebens zum Abschluß: eine nach Luftaufnahmen erstellte Karte des Mount Everest im Maßstab 1 : 50 000 – eine Großtat, zu der er die Kooperation von elf verschiedenen Ländern brauchte, ein Düsenflugzeug, von dem aus 1130 Quadratkilometer Everest-Gebiet bei wolkenlosem Himmel aufgenommen wurden, und ein Team Schweizer Kartographen, das zwei Jahre lang daran arbeitete, die Aufnahmen auf Papier zu übertragen.

Carleton E. Watkins
(1829–1916)

Carleton Watkins war einer der großen Pioniere der amerikanischen Landschaftsfotografie. In den 1840er Jahren zog er von New York gen Westen und wollte im kalifornischen Goldrausch sein Glück machen, blieb dann jedoch in Robert Vances Fotoatelier in San José. 1861 unternahm er mit einem Maultierkarren, in dem er seine Ausrüstung transportierte, einen ersten Ausflug ins Yosemite-Tal und machte Aufnahmen auf 15 x 20 Zoll großen Glasplatten. In San Francisco eröffnete Watkins die Yosemite Art Gallery, die gerahmte Abzüge seiner Aufnahmen ausstellte und verkaufte. 1867 wurden diese und weitere Bilder, die auf späteren Expeditionen in Kalifornien entstanden waren, auf der Pariser Weltausstellung gezeigt, und Watkins wurde auch in Europa berühmt. Leider verlor er zunehmend das Augenlicht, und das Erdbeben und der Brand von San Francisco im Jahre 1906 zerstörten einen Großteil seiner Arbeiten. Was sich an Alben und Abzügen erhielt, wurde erst nach dem Zweiten Weltkrieg wiederentdeckt. Heute genießt Watkins' fotografisches Werk wieder höchstes Ansehen.

Über die Verfasser

Christina Dodwell

Christina Dodwell, Forschungsreisende und Mitglied der R.G.S., wurde 1989 mit der Mungo-Park-Medaille der Royal Scottish Geographical Society ausgezeichnet. Sie hat bisher neun Bücher veröffentlicht und zahlreiche Rundfunk- und Fernsehdokumentationen verfaßt. Der Dodwell Trust, eine Wohlfahrtsorganisation für die Dritte Welt, ist von ihr ins Leben gerufen worden.

Sir Ranulph T-W-Fiennes, Bt. O.B.E.

Sir Ranulph Twistleton-Wykeham-Fiennes hat sechs größere britische Expeditionen geleitet, am bekanntesten darunter die British Transglobe Expedition (1979–82), die als erste zu Land und zu Wasser die Erde von Pol zu Pol umrundete, und die South Polar Unsupported Expedition (1992/93), die längste Polarreise aller Zeiten. Zu seinen Veröffentlichungen zählen *To the Ends of the Earth* (1983) und *Living Dangerously* (1995).

Michael Freeman

Der bekannte Schriftsteller und Fotograf Michael Freeman begann seine Karriere 1971 mit einer Flußfahrt auf dem Amazonas, und seitdem sind Aufnahmen von seinen Reisen überall erschienen. Er hat bisher 23 Fotobücher veröffentlicht, unter anderem die Titel *Ancient Capitals of Thailand* (1995) und *Palaces of Bangkok* (1996).

Peter-Matthias Gaede

Peter-Matthias Gaede, Jahrgang 1951, hat Sozialwissenschaften und Publizistik studiert. 1979/80 war er Absolvent des ersten Lehrgangs an der Gruner+Jahr-Journalistenschule. Nach drei Jahren in der Stadtredaktion des *Frankfurter Rundschau* kam er 1983 zu GEO, dessen Chefredakteur er seit 1994 ist.

Robin Hanbury-Tenison, O. B. E.

Robin Hanbury-Tenison, langjähriges Mitglied des Council der R.G.S. und ausgezeichnet mit der Goldmedaille der Society, leitete die 1977/78 von der R.G.S. veranstaltete Mulu-Expedition und nahm an zahlreichen weiteren teil. Zu seinen Veröffentlichungen zählen *A Question of Survival* (1970) und *Mulu: the Rain Forest* (1980).

Dr. John Hemming

Dr. Hemming war von 1975 bis 1996 Direktor und Sekretär der R.G.S. Er war verantwortlich für zwölf große Forschungsunternehmen der Society und leitete das größte davon persönlich, das Maracá Rainforest Project in Brasilien. Er hat an vielen Expeditionen teilgenommen, insbesondere an Reisen in unerforschte Regionen des Amazonasgebiets, und ist der Autor von dreizehn Büchern.

Sir Edmund Hillary

Sir Edmund Hillary, Bergsteiger, Verfasser zahlreicher Bücher und Träger der Goldmedaille der Society, wurde für die Erstbesteigung des Mount Everest (1953, mit Sherpa Tenzing) in den Adelsstand erhoben. 1985–88 war er neuseeländischer Hochkommissar in Indien, Nepal und Bangladesch und hat sich vielfach für Entwicklungshilfe und humanitäre Projekte in diesen Ländern eingesetzt.

Dr. Richard Leakey

Dr. Leakey hat sich als Anthropologe und Umweltschützer einen Namen gemacht und ist Vorsitzender der Wildlife Clubs of Kenya Association und der Foundation for Research into Origin of Man. Er hat die B.B.C.-Fernsehserie *The Making of Mankind* präsentiert (1981) und das Begleitbuch verfaßt. Weitere Publikationen sind unter anderem *People of the Lake* (1979) und *One Life* (1984).

Index

Die Seitenangaben in *Kursivdruck* beziehen sich auf die Abbildungen. Erläuterungen zu den Fotografien finden sich in den zugehörigen Bildlegenden.

Quellenverzeichnis

Fotonachweis

Bemerkung zum Copyright: Der Verlag hat sich bemüht, Kontakt mit den Copyrightinhabern der Fotos aufzunehmen, sofern die Rechte zum Abdruck nicht bei der Royal Geographical Society lagen. Im einzelnen handelt es sich dabei um die folgenden:

Asien

Herbert Ponting 18, 46, 47, 48. Paul Harris 72 li., 73, 77, 81, 82, 84, 85. Maurice Joseph 72 re. Edmund Hillary 74. George Bard 75. Steve Razzetti 76. Paul Harris 77, 81, 82, 84, 85. Ian Cumming 78, 79, 80. Chris Caldicott 83, 86 re., 87, 88, 89. David Constantine 86 li., 92 li., 93. Michael Freeman 90, 91. Norma Joseph 92 re.

Afrika

Michael Freeman 140, 141, 149. Adrian Arbib 142, 143, 147 re. Sir Peter Holmes 144, 155. John Evans 145, 151 re. Chris Caldicott 146, 148, 154. Chris Bradley 147 li. John R. Jones 150, 158, 159. John Miles 151 li., 152, 153. Norma Joseph 156. Maurice Joseph 157.

Die Pole

Herbert Ponting 172, 173, 174, 177, 179. Colonel Andrew Croft 184. Charles Swithinbank 186, 187, 189. Bruce Herrod 188. Sir Ranulph Fiennes 190. Stephen Venables 191. Martha Holmes 192, 194. Drew Geldart 193. Roger Mear 195.

Der Nahe Osten

E. B. Schocksack 213. Sir Wilfred Thesiger 216, 217, 218. Sir Peter Holmes 220, 221. Chris Caldicott 222, 224 li., 227. Paul Harris 223. Patrick Syder 224 re., 226. Dr. Stephen Coyne 225. Nigel Winser 228. Chris Bradley 229. Unbekannt 235.

Australasien

Unbekannt 251. Michael Leahy 254, 271. Edward Mendell 256, 261, 263 re. Adrian Arbib 257 li. Paul Harris 257 re., 262. Joann Crowther 258, 259, 260 re., 264. John Miles 260 li., 263. Chris Wright 265.

Amerika

J. C. Wilkins 290. National Geographical Society 301. Offizielle britische Vertretung in den Vereinigten Staaten 302, 304. Bradford H. Washburn 309. Paul Harris 310, 316, 320, 321. Michael Freeman 311, 318, 319, 322. Eric Lawrie 312, 313, 317 li. Joann Crowther 314. Rupert Tenison 315. Chris Caldicott 317. Joanna Scadden 323.

Bibliographie

Der Essay von Sir Ranulph Fiennes auf den Seiten 162 ff. enthält Auszüge aus den folgenden Werken: *The Great Antarctic Rescue* von F. A. Worsley (Times Books), *Across the Top of the World* von Wally Herbert (Longman), *The Crossing of Antarctica* von Sir Vivian Fuchs und Sir Edmund Hillary (Macmillan, N. Y.), *Worst Journey in the World* von Apsley Cherry-Garrard (Macmillan), *Mawson's Will* von Leonard Bickel (Stein & Day), *Shackleton* von Roland Huntford (Abacus, Little, Brown), *Scott of the Antarctic* von Elspeth Huxley (Weidenfeld & Nicholson).

Sir Wilfred Thesigers Essay auf den Seiten 198 ff. ist ein Auszug aus seinem Buch *Desert, Marsh and Mountain: The World of a Nomad* (Collins 1979). Copyright © Wilfred Thesiger 1979. Abdruck genehmigt durch Curtis Brown im Auftrag von Wilfred Thesiger.

Der Verlag hat sich bemüht, Kontakt mit den Copyrightinhabern der literarischen Werke aufzunehmen, die in diesem Buch auszugsweise zitiert werden. Sollte die Genehmigung zum Abdruck eines Buchauszugs durch ein Versehen nicht beim Copyrightinhaber eingeholt worden sein, bittet der Verlag diesen um Entschuldigung.

Danksagung

Der Verlag dankt all denjenigen, die an der Entstehung dieses Buches beteiligt waren, insbesondere den folgenden: sämtlichen Mitarbeitern der Royal Geographical Society, vor allem Joanna Scadden und Daisy Jellicoe vom Fotoarchiv der Society; Janet Turner, Shelagh Nott und Rachel Rowe von der Bibliothek der Society; Dr. Rita Gardner, Nigel Winser, Shane Winser und Dr. Andrew Tatham sowie den Forschungsreisenden und Fotografen und deren Familien und Freunden, die im Laufe der Jahre zur Vervollständigung des Archivs der Royal Geographical Society beigetragen haben. Außerdem gilt unser Dank John Norton, Tessa Monina, Beverley Smith und Roy Fox.